タックスヘイブン便覧

便覧

矢内一好 ［著］

財経詳報社

はじめに

　本書は，BEPS NO.5（有害な税競争）による優遇税制への規制という内的変革と2021年春に米国が提案し，後に G20，OECD の BEPS 包摂的枠組が基本的に了解した最低税率制度（グローバルミニマム課税）導入という外的変革の圧力下にあって，今後問題になるであろうタックスヘイブンの実情をまとめたものである。

　令和 5 （2023）年度税制改正大綱では，上記の OECD の動向を受けて，令和 6 （2024）年 4 月以降，グローバルミニマム課税の導入が決まったことから，タックスヘイブン及び各国の優遇税等の情報を整理しておく必要が生じた。しかし，タックスヘイブン対策税制，BEPS 行動計画，OECD によるデジタル課税については，多くの研究分析が行われているが，年々変化するタックスヘイブンの実態についての資料は少ない。

　本書は，タックスヘイブンに関する理論的研究ではなく，タックスヘイブンといわれる国等に係る事項をコンパクトにまとめたものである。

　それぞれの国等に関する基礎的な情報（一部は外務省資料を参考にしている。）と，関連する事項等があるものについては，基礎的な情報の後に記載した。

　各国の税制については，大手の外資系会計事務所等がハンドブック等を公刊しているが，いずれも主要国を中心としたもので，タックスヘイブンは，人口千人単位という国等を含むため，これらのハンドブックの記載から外れており，情報量が少ないといえる。

　国際的にビジネスを展開する場合，税務資料以外に，各種法制，金融事情等を考慮する必要があることから，本書が税務情報に偏っており，登載した情報に不足があるという批判も出ることは承知しているが，国際税務のうち，租税条約或いは各国の税制の情報を必要としている者の場合，その基礎資料として，本書のような資料集は手元に置けば利便性があるものと思われる。

　また，筆者は共著で参加している国際税務の資料集である『国際税務総覧』

（年度版：財経詳報社）を参考にすることも多く，本書の形式は，この総覧にヒントを得たものである。

　最初にお断りすべきは，本書がタックスヘイブンの国等の網羅性に重点を置いたため，個々の国等の税制，特に優遇税制の詳細について情報不足の感がある。ご利用される方は，本書を入口として，その詳細については別途お調べいただく必要がある。本書の役割は，聞いたこともない国等が出てきた時に，その所在地，税制等の最低限の情報を得ることである。

　いわゆるタックスヘイブンへの手引書として本書を利用していただければ幸いである。

　本書の出版を引き受けていただいた財経詳報社社長の宮本弘明氏に厚くお礼を申し上げる次第である。

　令和5年9月

矢内　一好

目　　次

はしがき

I ｜ 国名等索引早見表

Ⅱ ｜ 総　　論

Ⅲ｜アジア大洋州のタックスヘイブン

Ⅳ　北米・カリブ海・南米のタックスヘイブン

V　欧州のタックスヘイブン

Ⅵ｜アフリカ・中東・インド洋のタックスヘイブン

資　料

［凡例と用語］
• AEOI（Automatic Exchange of Financial Account Information：金融口座情報自動的交換報告制度）
• FHTP：有害税制フォーラム（Forum on Harmful Tax Practices）
• オフショア企業（IBC：international business company）：外国資本が IBC への優遇税制のある国等に法人を設立して，その設立国においては事業を行わず，専ら国外のみで事業活動を行う場合，その所得に設立国は課税しないという税制で，結果的に，国外源泉所得に課税をしないという点では同じであるが，両者は異なるものである。
• 属地主義課税：国内源泉所得のみの課税になる。

［参考資料］
• オフショア銀行に関しては，Basic Facts on OFCs Considered by the Financial Stability Forum IMF2000年資料に基づいている。
• 高橋元監修『タックスヘイブン対策税制の解説』（以下「解説」という。）（清文社，昭和54年）
• 小沢進・矢内一好『国際税務要覧』（以下「要覧」という。）（財経詳報社　平成３年）
• KPMG, "Global Corporate Tax Handbook 2021-2022"
• KPMG, "Global Corporate Tax Handbook 2022-2023"
• OECD による有害な税競争の進捗報告書（Progress Report on Preferential Regimes）（巻末資料参照）
• OECD, Harmful Tax Practices-2018 Progress Report on Preferential Regimes（以下「2018年報告」という。）
• OECD, Harmful Tax Practices ― Peer Review Results INCLUSIVE FRAMEWORK ON BEPS: ACTION 5 Update（as of January 2022））（以下「2022年再検討」という。）

I
国名等索引早見表

1　タックスヘイブン国等の一覧である。

2　表記：零（所得税・法人税のない国等），軽（法人税率15％以下），オ
（オフショア免税），特（特定事業優遇），普（法人税率15％超20％以下），
※（締結している二国間所得税租税条約数）。

3　地域区分は以下のとおりである。
①アジア・大洋州，②米州・カリブ海，③欧州，④旧ソ連，⑤中東・アフ
リカ

4　EU：EU加盟国

5　OECDによる最低税率制度導入により，タックスヘイブン国等の情報を
整理する必要があるため，本資料は，多少なりとも役立つことを目指した
ものである。

6　旧英（独立前英国の海外領土），旧伊（独立前イタリアの海外領土），旧
仏（独立前フランスの海外領土），英（英国の海外領土），蘭（オランダの
海外領土），旧ユーゴ（分割前ユーゴスラビア）

国名等	地域区分	零	軽	オ	特	普	※
（ア行）							
アイルランド（EU）	欧州		○12.5				63
アラブ首長国連邦（UAE）	中東（旧英）	○					63
アルバ	カリブ海（蘭）			○			
アルバニア	欧州		○15				42
アルメニア	旧ソ連					○18	
アンギラ	カリブ海（英）	○					
アンティグア・バーブーダ	カリブ海（旧英）				○		
アンドラ	欧州		○10				
ウォリス・フツナ（Wallis and Futuna）	仏海外準県 南太平洋	○					
ウズベキスタン	旧ソ連		○15				
ウルグアイ	南米			○			23

英領バージン諸島	カリブ海（英）	○					
エストニア（EU）	欧州（バルト三国）					○20	62
オマーン	中東（旧英）		○15				35
オランダ（EU）	欧州				○		94
（カ行）							
カタール	中東（旧英）		○10				74
ガーンジー	チャンネル諸島・王室属領	○					14
北マケドニア	旧ユーゴ		○10				48
キプロス（EU）	欧州トルコの南（旧英）			○			66
キュラソー	カリブ海（蘭）				○		
キルギス	旧ソ連		○10				
クック諸島	大洋州ポリネシア			○			
グレナダ	カリブ海（旧英）			○			
クロアチア（EU）	旧ユーゴ					○18	66
ケイマン諸島	カリブ海（英）	○					
コスタリカ	中米			○			4
コソボ（Kosovo）	旧ユーゴ		○10				
コモロ	アフリカマダガスカルの近隣			○			
（サ行）							
サモア独立国（旧西サモア）	大洋州ポリネシア			○			
サン・バルテルミー島（Saint Barthélemy）	仏海外準県カリブ海	○					
サンマリノ	イタリア					○17	
ジブチ	アフリカ（旧仏）	非居住者0					
ジブラルタル	英領		○10				

ジャマイカ	カリブ海（旧英）			○		
ジャージー	チャンネル諸島・王室属領	○				14
ジョージア	旧ソ連		○15			
シンガポール	アジア（旧英）			○		92
スイス	欧州			○		110
スロベニア（EU）	旧ユーゴ				○19	59
セーシェル	インド洋（旧英）		○			
セルビア	旧ユーゴ		○15			63
セントクリストファーネイビス	カリブ海（旧英）			○		
セントビンセント・グレナディーン	カリブ海（旧英）			○		
セントヘレナ	南大西洋英領		○15			
セントマーティン	カリブ海（蘭）			○		
セントルシア	カリブ海（旧英）		○			
（タ行）						
タークスケイコス	カリブ海（英）	○				
チェコ（EU）	欧州				○19	93
ドミニカ国	カリブ海			○		2
トリニダード・トバゴ	カリブ海（旧英）			○		
トルクメニスタン	旧ソ連		○8			
（ナ行）						
ナウル	大洋州ミクロネシア		○10			
ナミビア	アフリカ			○		
ニウエ	ニュージーランド北東		○			
ニューカレドニア	仏特別共同体			○		

（ハ行）							
パナマ	中米			○			17
バヌアツ	大洋州（旧英）	○					
バハマ	カリブ海（旧英）	○					
バミューダ	北大西洋	○					
パラオ	大洋州ミクロネシア		○総収入税				
パラグアイ	南米		○10				4
バルバドス	カリブ海（旧英）			○			31
バーレーン	中東（旧英）	○					
ハンガリー（EU）	欧州		○9				83
東ティモール	大洋州		○10				
フィジー	大洋州メラネシア（旧英）					○20	
プエルトリコ	カリブ海（米国属領）				○		
フェロー諸島	北大西洋のデンマークの自治領					○18	
ブルガリア（EU）	欧州		○10				71
ブルネイ	ボルネオ島北部（旧英）					○18.5	
ベリーズ	中米（旧英）				○		
ボスニア・ヘルツェゴビナ	旧ユーゴ		○10				
ポーランド（EU）	欧州					○19	83
香港	アジア中国特別行政区					○16.5	44
（マ行）							
マカオ	アジア中国特別行政区		○12				
マーシャル諸島	大洋州			○			

マルタ（EU）	欧州地中海（旧英）		○法人税還付				78
マン島	英国王室属領	○					10
モナコ	欧州				○		
モルドバ	旧ソ連		○12				50
モーリシャス	インド洋（旧英）				○		46
モンテネグロ	旧ユーゴ		○9				42
モントセラト	カリブ海（英）			○			
（ラ行）							
ラトビア（EU）	バルト三国				○		63
ラブアン島（マレーシア領）	ブルネイの沖合い		○3				
リトアニア（EU）	バルト三国		○15				56
リベリア	アフリカ西部の国				○		
リヒテンシュタイン	西ヨーロッパ中央部		○12.5				21
ルクセンブルク（EU）	西ヨーロッパ				○		85
ルーマニア（EU）	東欧					○16	88
レバノン	中東イスラエル，シリアに隣接（旧仏）				○持株会社0		29

（太平洋島嶼諸国の地域区分）（下線部分はタックスヘイブンを示す。）

①　ミクロネシア地域（ミクロネシア，キリバス，ナウル，マリアナ諸島，マーシャル諸島，パラオ）

②　ポリネシア地域（ニュージーランド，サモア，ツバル，トンガ，クック諸島，ニウエ）

③　メラネシア地域（パプアニューギニア，フィジー，ソロモン諸島，バヌアツ，ニューカレドニア）となっている。このうち，米国属領であるマリアナ諸島（グアム，サイパン等）とニュージーランドを除くと，ミクロネシア地域（5か国），ポリネシア地域（5か国），メラネシア地域（4か国

＋フランス領）となっている。

（旧ソ連の区分）

　地域別に分けるとロシアを除く旧ソ連の国々は，次のように分けることがで
きる。

　①　中央アジア地域（ウズベキスタン，カザフスタン，キルギス，タジキス
　　　タン，トルクメニスタン）

　②　南コーカサス地域（アゼルバイジャン，アルメニア，ジョージア）

　③　東欧地域（ウクライナ，ベラルーシ，モルドバ）

II
総　論

❶　本書のねらい

　税負担の軽い軽課税国等（タックスヘイブン）については，各国が，これま
で，タックスヘイブン税制等を整備することで，租税回避を防止する措置を講
じてきた。しかし，無形資産等をタックスヘイブンに移転する等の操作により，
現行の税制による是正措置が十分に機能していないことから，OECD と米国は
以下の改正を行うことを示唆した。

①　OECD のデジタル課税案柱Ⅱで最低税率制度（15％）が検討されて，デ
　ジタル課税の OECD 最終案は2021年10月に公表され，2024年頃には，各
　国の国内法等が整備されるという予定である。

②　2021年4月に米国はグローバルミニマム税（税率15％）を提唱。この案
　は，2021年7月に開催された G20財務相・中央銀行総裁会議で基本的に了
　承されている。

　この2つの動向を踏まえて，今後どのような形態になるのかは不透明な部分
もあるが，最低税率制度導入は国際的に合意された。

　このような状況下において，タックスヘイブンへの投資に関与している日本
企業にとって，タックスヘイブン税制（外国子会社合算税制）の適用に関する
書物は多いが，タックスヘイブンとなる国等に関する情報，日本からの投資先
として注意を要するタックスヘイブンの一覧等に関する資料等が少ないのが現
状である。

　本書は，タックスヘイブン投資に関与している日本企業に対して，現在進行
中の最低税率制度導入決定という状況下において，今後の判断に資する資料を
提供することを目的としている。

❷　タックスヘイブン消失への誤解

　最低税率制度の導入は，タックスヘイブンといわれる軽課税国等の税制が改
正されることを意味するものではなく，現在無税であるケイマン諸島に所得税，
法人税が創設されることではない。最低税率制度導入後も，ケイマン諸島は現
状と変わらないものと思われる。

　タックスヘイブンに対する懸念は，現在の国際税務に組み込まれているタッ

クスヘイブンを利用する取引等のスキームの利用価値が低下するのではないかという意味であり，これまで多くの企業が享受してきたタックスヘイブンを利用することによる税負担の軽減のうまみが消えるということである。

　しかし，タックスヘイブンが利用される理由は，税負担の軽減だけではない。上述したケイマン諸島の場合，法制度の規制が緩く，利用者からすると使い勝手がよいということも大きな理由である。例えば，日本企業にとって，特定目的会社（SPC）法制のある日本でこれを利用しないで，ケイマン諸島にSPCを設立していることがその証左である。また，タックスヘイブンによっては，投資損失に対する保障を行っているところもあり，総合的に見ると，最低税率制度が経済社会で受け入れられる状況になったとしても，タックスヘイブン自体は存続することになろう。

　結論としては，現在にように，タックスヘイブンの利用者が享受している税負担の軽さ等の特典をこれまで通り享受できない事態になるということであるが，タックスヘイブンは存続することになろう。なお，日本からの対外証券投資残高では，2001年及び2021年の双方で，ケイマン諸島は米国に次いで2位である。ケイマン諸島における残高は約100兆円超となっている。

　問題は，2021年末の最低税率導入が確定した後に，その決定を多国間租税条約の形にするのか，或いは，金融口座情報自動的交換制度のような国際的合意にするのかは別として，国内法の改正等の時間を考慮して，その施行日が2024年頃とすれば，その間のプランニングも必要になろう。

　なお，最低税率制度は，すべての法人に適用となるわけではない。適用対象は以下のとおりであることから，適用対象企業数は少数であるが，経済的波及効果は大きなものがある。

（適用対象）
前年度の連結売上高が7億5,000万ユーロの企業グループということから，第2の柱の適用となる法人企業は売上高により限定されることになる。ユーロの為替変動を考慮すると，連結売上高約1,100億円程度ということになる。2020年の統計では，この売上高を超える日本の会社は，約950社である。「経済特区」で税率を軽減してきた中国等，租税優遇措置を行うシンガポール等に配慮して，今後最終案が示される予定である。

（上乗せ税額の納付）
最低税率15％との差額の上乗せ税額は最終親会社が納付することになる。

❸　タックスヘイブンの基礎的事項

　2016（平成28）年春に報道され注目を集めた「パナマ文書」及び2017（平成29）年の「パラダイス文書」において，多くの者がタックスヘイブンを利用している実態が報道されたが，米国では，それ以前の1950年代年代からタックスヘイブンを利用した租税回避が行われたことから，タックスヘイブン税制が1962年に導入されている。

　一般的に，タックスヘイブンとは，税金のない国又は税金の著しく低い国若しくは地域をいい，タックスヘイブンという用語の意味は，税の回避地というものである。ほとんどのタックスヘイブンは，人口も少なく，国家財政の規模も小さく，租税に依存しなくとも財政上問題が少ないことから，税負担をなくし又は低くしている。

　著名なタックスヘイブンであるケイマン諸島は，関税と会社の登録料等が主たる歳入源になっている。また，ケイマン諸島は，英国の海外領土であるが，自治権が認められており，独自の税制を定めていることから，これに対して他国がその税制に干渉することはできない。

　タックスヘイブンは，その租税等に関する特徴を列挙すると次のようになる。

①　居住者及び非居住者（個人及び法人等）等に対する所得税，法人税が無税或いは著しく低い税率である。

②　従来は，先進諸国と租税条約が締結されていなかったことから，租税に関する情報交換等は行われていなかったが，多くのタックスヘイブンが税務情報交換協定を締結している。また，税務行政執行共助条約に参加している国も多い。

③　従来は銀行の秘密保護法により情報が保護されていたが，OECD が推進している共通報告基準（Common Reporting Standard：CRS）に基づく金融口座情報自動的交換制度（AEOI）が進展したことで情報公開が行わ

れるようになった。

④　為替管理，SPC，信託等の設立等における法規制が緩やかである。

⑤　先進国の旧海外領土等が多く，経済規模は小さく，観光等の産業のみの
　　国等が多い。

　日本からの外国直接投資（1951年から2000年まで間の累計額）によれば，第
1位は米国，タックスヘイブンでは，第4位にパナマ，第7位にケイマン諸島，
第8位に香港という順位になり，中国は第9位，第10位はシンガポールである。
すなわち，日本は，人口数万人というカリブ海の島であるケイマン諸島に，こ
の間香港よりも多額の投資を過去に行っていたことになる（渡辺裕泰『国際取
引の課税問題』2頁，公益社団法人日本租税研究協会　平成15年）。

❹　タックスヘイブンの分析視角

　タックスヘイブンを分析する場合，いくつかの視角を設定することができる。

①　本書は，デジタル課税の柱Ⅱにより導入される最低税率制度を意識して
　　分析している。したがって，採用した分析視角は税制に注目したものであ
　　る。

②　①以外に，税率等にかかわらず，投資という観点から有利な税負担とな
　　る国等もある。例えば，所得税・法人税のない国等が多くあるが，ケイマ
　　ン諸島に集中するのは，税以外の法律等の規制等の要因もある。法制，金
　　融等を含めた企業インフラという観点から税制を含めた法制度等を含めた
　　分析視角である。

③　アジアでは，日本からの投資が多い香港，シンガポールは，日本と比較
　　すると低税率ではあるが，軽課税国等と比較すると，税率競争では有利で
　　はない。しかし，日本から投資する場合の投資先の地理的要因，市場との
　　関連等という外的な要因に注目した場合，日本からの投資が多い理由は明
　　らかである。2021年の対外直接投資残高では，1位米国，2位英国，3位
　　中国で，4位がオランダ，5位がシンガポールで，シンガポールの競争相
　　手である香港は10位である。

　以上のことから，軽課税国等に含めたシンガポールは，法人税率も最低税率
と想定した15％を上回っているから，本来であれば除外することになるが，租

税上の優遇措置を講じて税率の軽減を行っていること等からリストに含めている。

❺　タックスヘイブンの利用状況

OECD における調査でオフショア・フィナンシャル・センターの規模は以下のとおりである。

① Tax Justice Network：11.5兆ドル（2005年）1.3兆ドル（2010年：タックスヘイブンに移転している利益)

② Oliver Wyman Group　　：　 8兆ドル（2008年）

③ Boston Consulting Group　：　7.3兆ドル（2007年）

④ Oxfam　　　　　　　　 ：　 6～7兆ドル（2000年）

⑤ Merrill Lynch/Cap Gemini ：　5.8兆ドル（1997年）

⑥ IMF　　　　　　　　　 ：　1.7兆ドル（2000年）

この統計では，最小数値の IMF のものでも，約170兆円ということになり，この多くが，スイス，ルクセンブルク，カリブ海諸国等のタックスヘイブンに預けられているということになる。

また，2000年 の IMF 資料（Basic Facts on OFCs Considered by the Financial Stability Forum）によれば，100以上のオフショア銀行の所在する国等は，以下のとおりである。

①ケイマン諸島（575），②香港（454），③バハマ（418），④ルクセンブルク（221）⑤シンガポール（212）⑥バーレーン（102），である。

最近の具体例として，2022年2月のロシアによるウクライナ侵攻に伴い，ロシア関連の国外資産の凍結問題で，ロシア顧客の多額の資産がスイス銀行にあることが報道されている。

❻　最低税率制度（グローバルミニマム課税）

米国は2021年4月に，米国企業の海外子会社がタックスヘイブンを利用して税負担の軽減を図っていることを防止するために，税率21％（新税率28％の75％相当）のグルーバルミニマム税を導入する案を公表した。米国のイエレン

財務長官は，この税制導入により法人課税の引き下げ競争を止めると強調している。その後，最低税率は15％に引き下げられた。

　その後，この15％の税率は，2021年7月に開催されるG20財務相・中央銀行総裁会議の会議において了承され，OECDのデジタル課税の柱Ⅱにおける最低税率となったことである。なお，米国は，最低税率制度に同意しない国に納められた税金について，外国税額控除を認めない方針を示している。

　最低税率制度は，タックスヘイブン等で課される税率との差額を上乗せして，投資をする側の先進国の税として徴収されることになる。例えば，シンガポールを例とすると，シンガポールの法人税率は17％であるが，同国の税制には各種の優遇措置があり，場合によると10％或いは無税ということになる。同国は，地方所得税がないことから，適用される税率が実効税率となるが，上乗せ税率を計算する場合，法人税率を基準とするのか，実際に課された税を基準とするのかという問題が生じる。

　この優遇税制に関して，外国税額控除の方法として，みなし外国税額控除（タックススペアリング・クレジット）があるが，みなし外国税額控除では，投資先の国で税負担の軽減を受けても，その軽減分を含めた外国税額控除の対象税額とするのである。最低税率制度が15％であることから，例えば，シンガポールで17％の税率が優遇税率10％であったとすると，7％の優遇分のうちその差額の5％相当が居住地国の税収増となる。そうであるならば，優遇税制の受ける効果がなくなるということになる。

❼　導入後の対応

　以下は最低税率制度の導入が決定し，2024年4月以降に実施されるという状況になった。

①　この制度は，前年度の連結売上高が7億5,000万ユーロ（約1,000億円弱）以上の企業グループ対象となり，対象外となるのは，投資及び年金ファンド等である。

　　この制度における連結売上高等は，BEPS課題13の勧告（移転価格文書化の再検討）にある国別報告（Country-by-Country Report）を基礎に制度設計が行われている。総務省の統計によれば，売上高が1,000億円以上の企業

グループは日本では936ということになることから，対象外となる法人等及び売上高基準に達しない法人等は，最低税率制度の適用を受けることはない。

②　最低税率制度は法人課税の問題であるが，企業活動に関連する税制としては，源泉所得税，印紙税，付加価値税等の税目も関連する事項である。法人に対する実効税率以外の税に関する判断も必要である。

③　最低税率制度の適用対象企業グループを売上高等の金額基準とした場合，グループ企業の分社化，パススルー事業体等の利用した資本連鎖を断つ行為等々に税務当局は対応する必要がある。

④　導入決定後，施行までの期間にどのような対応ができるのかを事前に検討する必要がある。

⑤　最低税率の決定は，国外の税率を一括してブレンディングする方式ではなく，国別方式である。

⑥　最低税率制度適用を所与の条件として，タックスヘイブンの上手な利用法を考案することも必要である。

⑧　タックスヘイブン区分表の必要性

平成４年度にタックスヘイブン対策税制（外国子会社合算税制）における大蔵省告示の軽課税国指定制度（以下「指定制度」という。）は廃止されてトリガー税率（当時は25％）が導入された。その理由は，諸外国の目まぐるしい改正等を指定制度でカバーすることが難しくなったからである。トリガー税率は，平成22年度に20％以下，平成27年度には20％未満と改正され，平成29年度には廃止されている。

平成29年度の改正以降，特定外国関係会社であるペーパーカンパニー等，キャッシュボックス，ブラックリストカンパニーは30％以上，それ以外の外国子会社等（対象外国関係会社，部分対象外国関係会社）は20％以上の租税負担割合であれば合算課税を免除される方式に変更されている。すなわち，指定制度に基づく区分はこの税制では重要でなくなったのである。

しかし，OECD の進めるデジタル課税において最低税率制度が論点となり，その最低税率を下回る税負担の場合，タックスヘイブン税制とは別に，新たな課税方式が行われることになる。このような動向から，タックスヘイブンとい

われる軽課税国等の実態の区分が必要と考え，指定制度をベースに，対最低税率制度へのシフトを想定して作成したのがタックスヘイブン区分表である。

❾ 米国のタックスヘイブン乱用防止法案の動向

1 タックスヘイブン乱用防止法案の提案

　大部以前の話であるが，米国議会における小委員会は，タックスヘイブン乱用防止に熱心に取り組んできた。

　国外のタックスヘイブンの利用とタックスシェルターを乱用して米国の租税を不適切に回避することを制限することを目的としたタックスヘイブン乱用防止法案（Stop Tax Haven Abuse Act：以下「乱用防止法案」という。）が2007年 2 月17日にカール・レビン（Carl Levin），ノーム・コールマン（Norm Coleman），バラク・オバマ（Barack Obama）ら 3 人の上院議員により提案されているが（法案番号：H.R.2136, S.681），提案者の一人であるオバマ上院議員は後に大統領に就任した。

2 乱用防止法案の背景

(1) これまでのタックスヘイブン規制の動向

　タックスヘイブンとは，一般に，無税又は税負担が著しく低い国又は地域を指すが，タックスヘイブン及び金融機関の匿名口座の資金総額は， 5 兆ドル（約500兆円）から 7 兆ドル（700兆円）といわれていた。

　また，乱用防止法案の提案者の一人であるレビン上院議員によれば，米国では，本来徴収すべき税額と実際の徴収税額との差額（課税漏れ分）が3450億ドル（約34兆円）あり，そのうちタックスヘイブンの乱用等による課税漏れ額が1000億ドル（約10兆円）あると発言している。なお，タックスヘイブンの乱用等による課税漏れ額の40％から70％が個人で残りが法人等と推計されている。

　タックスヘイブン自体は，1950年代後半以降，主として，オフショア・バンキングセンターとして，租税の減免と各国の為替等の規制等のない国等として発展をしてきたのがその沿革であり，代表的なタックスヘイブンとしては，ケイマン諸島，バハマ等が存在してきたのである。

　OECDは，1990年代後半以降，金融業等の移動可能な業種が税負担の軽いタ

ックスヘイブンに移転することで，先進各国の税制が歪められるとして「有害
な税競争」運動を開始して，タックスヘイブンとの情報交換協定の締結の促進
等に貢献して来たのであるが，乱用防止法案の提案は，この OECD と同じ流
れとして行われたのではなく，米国独自の検討に基づく結果である。

(2)　2つの脱税事案

　米国国外のタックスヘイブンの乱用等に関しては，米国上院における常設の
小委員会（Permanent Subcommittee on Investigations）において長く検討が
行われ，同委員会は，2006年8月1日に1773頁の報告書（Tax Haven Abuses：
The Enablers, The Tools and Secrecy）を公表している。この一連の検討結
果が，乱用防止法案の提案を促した原因であるが，それ以外に，オバマ上院議
員が大統領に選出されたこと，2008年9月15日のリーマンブラザースの破綻に
よる金融危機による米国財政の赤字，そして，次の2つの脱税事案がタックス
ヘイブンへの議会及び世論の批判を集めたことも同法案の提出を促した原因で
ある。

　脱税事案の1つは，ヨーロッパのリヒテンシュタインの銀行（Liechtenstein
Global Trust：以下「LGT」という。）から2006年に同銀行のコンピュータ技師
であった元社員により顧客名簿が持ち出され，他国の課税当局にその情報が流
れたことで脱税事件に発展した事例である（Jackson, Randall, "The Mouse
That Roared：Liechtenstein's Tax Mess" Tax Notes International, March 3,
2008.　http://newscom.jugem.jp/?eid=105.　Permanent　Subcommittee　on
Investigations, Tax Haven Banks and U.S. Tax Compliance, July 17, 2008）。

　LGT から持ち出されたのは1,400人分の顧客名簿といわれているが，これを
入手したドイツの課税当局及び検察庁は，3,000万ユーロ（約45億円）の追徴課
税を行ったといわれている。この顧客名簿には，米国，オーストラリア，フラ
ンス，英国，アイルランド，スウェーデン，日本，韓国等の居住者も含まれて
いたことから，国際的な脱税事件に発展したのである。推測ではあるが，当該
各国の居住者は，リヒテンシュタインに何らかの方法により資金を持ち込み財
団を設立して，その財団名により預金等を行うことで所得を同財団に帰属させ
て本国の課税を逃れたものと思われる。

　米国が関連している事案がもう1つある。それは，スイス最大の銀行である
UBS（Union Bank of Switzerland：スイスユニオン銀行）の関連した事案で

ある。ちなみに，スイスの銀行数は2005年で337行，資金運用資産総額約 5 兆 SF（400兆円）であり，スイスの銀行の最大手であるUBSの資産総額は2007年で 2 兆2,727億SF，第 2 位はクレディ・スイス銀行でその資産総額 1 兆3,606 SF である。2008年10月17日にUBSへスイス政府から公的支援として540億ドル（約 5 兆4,000億円）が投入されている。結果として，UBSは，米国の顧客を失い，サブプライムローンによる損失による危機と，さらに，乱用防止法案により指定されたタックスヘイブンのリストに掲載されていることからスイスの金融の将来を不安視する意見も出たのである。

　このUBSの関与した事案というのは，UBSの元社員が同行の顧客である米国人の米国での税逃れを手助けしたとしてフロリダ州で起訴され，この元社員は，同裁判所において米国人顧客の数百万ドルの脱税をほう助したと証言した。2008年 7 月 2 日に，マイアミ連邦地裁判事は，米国内国歳入庁（以下「IRS」という。）に対してUBSに対して情報提供を求める権限を認める判断を示したのである（その後，米国IRSは，スイス政府に対して正式に米国の税務調査に協力するような要請を行っている。）。そして，2008年 7 月18日にUBS役員は米国議会でプライベートバンキングから撤退を発表した。その際に，本事案の上院調査委員会の委員は，UBSにある米国人口座 2 万件のうち 1 万9,000件が米国当局に無申告であり，預金総額は180億ドル（約 1 兆9,000億円）と証言している。この事件を契機として，米国は，外国金融機関に対して米国人等の口座情報を米国財務省に報告することを規定した「外国口座税務コンプライアンス法（Foreign Account Tax Compliance Act：FATCA）を2013年 1 月より施行した。これについては，スイスの項参照。

　上記以外では，2008年12月 9 日に，米国とリヒテンシュタインは租税に関する情報交換協定を締結している。リヒテンシュタインが他国と租税に関する情報交換協定を締結するのはこれが初めてである。推測ではあるが，リヒテンシュタインが情報交換協定締結に同意した背景には，乱用防止法案に指定されたタックスヘイブン（同法案における用語は，offshore secrecy jurisdictions）にリヒテンシュタインが指定されていること等が間接的な影響を及ぼしているのではないかと思われる。

3　EU利子所得指令の影響

⑴　EU利子所得指令の概要

　自国の税率が高いEU加盟国の居住者は，利子所得に係る税負担が低い他の加盟国等に預金をして利子所得を取得し，本国に申告しないという事象が多発した。

　例えば，ドイツは約70兆円という資金が国外預金等として流出していた。このような事態に対処するために，自国の居住者の預金が他の加盟国にある場合，その預金情報（年1回定期的）を交換するEU利子所得指令（Savings Tax Directive（Council Directive 2003/48/EC））が欧州委員会で2003年6月に採択され，2005年7月から施行された。

　この指令の目的は，EU域内における資本移動の歪みを回避し，利子所得の効率的課税を行うためであるが，この指令の対象者は，EU加盟国の居住者（個人）であり，個人以外の法人，信託等は対象外ということになっている。EUは，タックス・コンプライアンス（遵法性）の観点から，納税申告及び税務調査等の実態を考慮して法人を除き，資金移動が激しく，申告状況に問題が多い個人を対象とした。結果として，上記のEU指令は，個人以外であれば除外されるという1つのループホール（抜け道）を作ったことになる。この指令は，2003年6月にEU利子所得指令が閣僚理事会において採択され，その後2014年3月24日修正案が出され，2015年11月10日開催の閣僚理事会による廃止が決定している。

⑵　利子所得等租税協定（savings taxation agreements）の締結

　EU利子所得指令の問題点は，EU加盟国内のみの資金移動の問題であればEU域内課税の問題として処理される。しかし，EU加盟国の預金情報が個人の居住地国に通知されるのであれば，預金者はそれを嫌ってEU加盟国域外に資金を移動させることは自明のことである。EU諸国の周辺（欧州地域）にはEUに加盟していないタックスヘイブンが存在し，また，EU加盟国である英国，オランダ両国の海外領土で，カリブ海に存在するタックスヘイブンの多くがオフショア・バンキング・センターとして，EU加盟国居住者の国外に流出した預金の受け皿になっていたのである。

　利子所得等租税協定は，EU加盟国以外の欧州各国及びカリブ海等のタックスヘイブンと預金者情報の提供を義務付ける内容の協定である。EUは，EU

利子所得指令と同様の対策を講じるという観点から欧州に所在する5つの国と利子所得等租税協定の締結を行っている。EUが利子所得等租税協定を締結したのは，アンドラ，リヒテンシュタイン，サンマリノ，モナコ，スイスである。また，これら5か国以外に，英国・オランダの海外領土であるアンギラ（英），アルバ（蘭），英領バージン諸島，ケイマン諸島（英），ガーンジー，マン島，ジャージー，モントセラト（英），オランダ領アンチル，タークスケイコス（英）は，文書によりEU加盟国各国とEU指令に従うことで合意した（以下「個別合意」という。）。なお，英領ジブラルタルは英国歳入庁に交渉を一任しているので文書上に表示されていない。

　しかし，銀行の秘密保護法を遵守したい国は，情報提供に代えて源泉徴収を行うことを主張し，源泉徴収が情報交換の代替として認められたのである。このような選択をしたEU加盟国は，ベルギー，ルクセンブルク，オーストリアの3か国であり，スイスが利子所得等租税協定において源泉徴収をすることとしたのも同様な理由に基因している。この源泉徴収は，留保（retention）という用語を使用しているが，実質は源泉徴収による所得税の徴収である。その税率は，2005年7月1日から2008年6月30日までの最初の3年間は15％，次の3年間は20％，その後は35％を徴収する。そして，徴収した税額の75％を利子所得者の居住地国に送金され，残りの25％を徴収した国の徴収費用とするものである。

　上記のような資金移動に関する透明性を求めるEUの動きに対して，次のような反応があったのである。1つは，上記の地域を避けて，シンガポール，香港，バーレーン等の地域に対する資金移動が生じたことである（日本経済新聞平成18年9月15日「域外課税逃れ　EUが防止強化」）。他の1つは，EU利子所得指令及び利子所得等租税協定の適用対象とならない個人以外の形による預金であれば，EU又は上述の地域に移動することなく現状のまま移動しない預金等があったということである。この後者の例がリヒテンシュタインの事案であろう。したがって，脱税事案を引き起こしたリヒテンシュタインは，当該事案が発生した2006年にはEUと利子所得等租税協定を締結している。しかし，利子所得等租税協定の対象は，個人であり，例えば，リヒテンシュタインに財団等を設立して，そこから銀行に預金を行えば，個人預金者ではなくなるのである。そこで，話は冒頭のリヒテンシュタインの銀行からの顧客名簿の持ち出し

に基因する脱税事件へと繋がるのである。

(3)　EU 利子所得指令改正の動向

　すでに述べたように，EU 利子所得指令の問題点の１つは，その対象が個人預金者に限定されていたことである。これについては，その欠点を指摘して，信託等が介在した場合等について検討する動きが生じている（Lee A. Sheppard, "Bad-Mouthing the EU Savings Tax Directives" Tax Notes International, p. 792, Sep. 8, 2008）。

4　乱用防止法案の概要

(1)　法案の概要

　EU 利子所得指令等の動向とは別に，米国は，乱用防止法案の成立に向けた議会における動きが2009年秋頃には起こると予測されていたが，法律とはならなかったが，多くの示唆を含んでいる。

　この法案は，1986年制定の米国内国歳入法典の一部改正として提案されているものである。この法案の略称が，「Stop Tax Haven Abuse Act」であり，法案の構成は，４部から成り立っている。第１部は脱税目的のタックスヘイブン利用の抑止，第２部はタックスヘイブンとタックスシェルターの乱用に対抗するその他の対策，第３部はタックスシェルターのプロモーターに対する対策，第４部は経済的実質の要請，であり，各部にそれぞれの条文が規定されている。

　この法案による対抗措置が採られる対象は，国外のタックスヘイブン，タックスシェルターの乱用そして租税回避等のプランを立案して事業としている専門家である。

(2)　タックスヘイブンと指定された国々

　乱用防止法案の特徴の１つは，同法案の対象となるタックスヘイブンとして，次に掲げる34か国（以下「指定国」という。）を指定していることである。

　アンギラ，アンティグア・バーブーダ，アルバ，バハマ，バルバドス，ベリーズ，バミューダ，英領バージン諸島，ケイマン諸島，クック諸島，コスタリカ，キプロス，ドミニカ，ジブラルタル，グレナダ，ガーンジー・サーク島・オルダニー島，香港，マン島，ジャージー，ラトビア，リヒテンシュタイン，ルクセンブルク，マルタ，ナウル，オランダ領アンチル，パナマ，サモア，セントクリストファーネイビス，セントルシア，セントビンセント・グレナディ

ーン，シンガポール，スイス，タークスケイコス，バヌアツ，である。なお上
記の国等は本書に掲載されている。

　日本では，タックスヘイブン対策税制において平成 4 年の改正まで大蔵大臣
が軽課税国を指定していたが，日本が指定した国と上記の国ではいくつか異な
っている。米国における指定国のうち最も注目される国はシンガポールである。
シンガポールは，2008年当時の法人税率が18％であり，日本のタックスヘイブ
ン対策税制では，同税制の対象となる特定外国子会社等の要件である税負担
25％以下に該当する可能性を有していたが，米国は，税負担の率をタックスヘ
イブン税制（サブパート F ）の適用要件としていない。シンガポールが指定さ
れた理由としては，同国の金融機関が非居住者預金口座を多く保有し，情報交
換に応じないでいることのように思われるが，シンガポールは，米国と租税条
約を締結していないが，2018年に税務情報交換協定を締結している。

　⑶　乱用防止法案の主たる特徴
　乱用防止法案における主たる特徴といえる点は次のとおりである。
　①　指定国に，公開会社を除く米国の者が直接間接に事業体（法人，信託
　　　等）を設立又は資産の移転等した場合，当該米国の者は，これらの事業体
　　　を支配しているものとされる。
　②　現行法では 1 万ドル以上の国外銀行口座等の報告を義務付けているが，
　　　指定国を利用する米国納税義務者に対してこの金額制限をなくしている。
　③　同法案では，米国財務省は，米国の税務執行を妨げる外国政府及び金融
　　　機関等に対して対抗策を立法できる権限を与えている。
　④　指定国が関連する税務調査に関して，調査できる期限を 3 年から 6 年に
　　　延長する。
　⑤　不動産の売買等を行う国外信託の所得に対して課税を行うことで国外信
　　　託の不正利用を防止する。
　⑥　タックスシェルターのプロモーターに対する罰則の強化。
　⑦　タックスシェルターのスキームを特許とすることの停止。
　⑧　指定国に関連する事案における召喚状の機能の強化。
　⑷　国際共同タックスシェルター情報センター（JITSIC）への日本の参加
　前出の米国上院における常設の小委員会報告書（Permanent Subcommittee
on Investigations, Tax Haven Banks and U.S. Tax Compliance, July 17, 2008,

p. 31）において，国際的な税務執行協力の一環として2004年に，オーストラリア，カナダ，英国と米国の4か国が国際共同タックスシェルター情報センター（Joint International Tax Shelter Information Centre（JITSIC））をワシントンに開設し，2007年5月に日本がこのメンバーに加入し，さらに，ロンドンにも第2の事務所が開設されている。このように，2009年以降のタックスヘイブン及びタックスシェルターに対する課税当局の動向が注目されるところである。なお，2022年3月現在の参加国は以下のとおりである。

Australia, Austria, Belgium, Canada, Chile, China（People's Republic of）, Czech Republic, Colombia, Denmark, Finland, France, Georgia, Germany, Greece, Hungary, Iceland, India, Indonesia, Ireland, Israel, Italy, Japan, Korea, Luxembourg, Malaysia, Mexico, Netherlands, New Zealand, Norway, Peru, Portugal, Romania, Russian Federation, Slovak Republic, Slovenia, South Africa, Spain, Sweden, Switzerland, Turkey, United Kingdom, United States

　⑸　EU 及び OECD による経済的実体法の導入

　EU 経済財政委員会は，1998年3月9日に加盟国から選抜して代表による租税政策を評価する事業課税の行動規範グループ（Code of Conduct Group（Business Taxation）：以下「グループ」という。）を立ち上げた。

　2017年12月にグループは，経済的実体（economic substance）の基準に反する名目上の課税の有無或いはそれのみ（no or only nominal tax：以下「NOONs」という。）の国等の租税政策を検討した。その基準は，これらの国等が非居住者によるペーパー会社を利用して租税回避を防止することである。グループは，非協力な国等のリストを公表した。

　OECD は，2018年11月に BEPS5（有害な税実務に対する対応）における新たな基準を包摂的枠組に対して公表した。その内容は，実体的活動要件を回避するための NOONs への移転を防止することであった。

　このような動向を踏まえて，以下の国等は，2019年1月1日から適用となる経済的実体法の整備をした。

　①バミューダ諸島，②英領バージン諸島，③ケイマン諸島，④マン島，⑤ジャージー，⑥ガーンジー，⑦モーリシャス，⑧バハマ，⑨セーシェル，⑩アラブ首長国連邦，である。

　マン島，ジャージー，ガーンジーの王室属領は，経済的実体に係る共通のガイダンスを2019年11月に作成公表し，ケイマン諸島は，2019年4月に発表したガイダンスを2020年7月に改正している。

　経済実体の要件は，事業体がその課税管轄内で実質的に経営をし，所得を得て，使用人を雇用している等が基準となるが，ポイントは，この基準の執行を担保する罰則等の規定である。ジャージー，英領バージン諸島は経済的実体の要件を満たさない事業体に罰金を科すと共に，その事業体の本国の権限ある当局への通知と事業体の設立を認めない措置を採る権限が与えられている。

　OECDの有害税制フォーラム（FHTP）もタックスヘイブンの実体基準の検証を行っている（OECD, Harmful Tax Practices － Peer Review Results, Nov. 2021, pp. 16-17）。

　上記のEUでは掲げられている，モーリシャス，セーシェルはOECDのリストにはなく，OECDのみにある国は，アンギラ，タークスケイコス，バルバドス，バーレーンである。

⑩　フランスの海外県の税務

1　海外県と海外準県相違

日仏租税条約の地理的範囲に海外県の規定がある。

海外県	海外県（Départements d'outre-mer）は，フランス本土の飛び地で基本的にフランス本土と同じ法律が適用される。
海外準県	海外準県（Collectivité d'outre-mer）は自治権を有していることからフランス本土とは法律等が異なる。

　なお，これらの海外領域の住民はフランス市民権を有することから欧州連合の市民とされ，欧州議会に対する選挙権を持つ。

2　海外県
(1)　グアドループ

正式名等	グアドループ（Guadeloupe）
地理的位置	アンチル諸島

面積・人口	1,705 km^2・約40万3,800人
独立等	1946年に海外県，2007年にグアドループに属していた「サン・マルタン島」と「サン・バルテルミー島」がグアドループを離脱，それぞれ単独でフランス海外準県となり分離
備考	通貨：ユーロ

(2)　マルティニーク

正式名等	マルティニーク（Martinique）
地理的位置	アンチル諸島
面積・人口	1,128 km^2・約40万7,000人
独立等	1946年海外県
備考	通貨：ユーロ

(3)　仏領ギアナ

正式名等	フランス領ギアナ（French Guiana）
地理的位置	南米大陸北東部，スリナム共和国（旧オランダ領）の東，ブラジルに挟まれた地域
面積・人口	8万3,534 km^2（北海道と同じくらいの広さ）・約25万人
独立等	1946年海外県
備考	通貨：ユーロ

(4)　レユニオン

正式名等	レユニオン（Réunion）
地理的位置	マダガスカル島の東
面積・人口	2,512 km^2・約84万6,000人
独立等	1946年海外県
備考	通貨：ユーロ

(5)　マヨット

正式名等	マヨット（Mayotte）
地理的位置	アフリカ大陸の南東，モザンビーク海峡コモロ諸島に属する島

面積・人口	374 km² ・約22万7,000人
独立等	2011年海外県
備考	通貨：ユーロ

3　海外準県
(1)　仏領ポリネシア

正式名等	仏領ポリネシア（French Polynesia）
地理的位置	南太平洋ポリネシア地域，タヒチ島を中心とした近郊118の島々
面積・人口	4,167 km² ・約28万人
独立等	2003年以降，海外準県
税制	法人税率25％
備考	通貨：ニューカレドニアの通貨

(2)　サン・バルテルミー島

正式名等	サン・バルテルミー島（Saint Barthélemy）
地理的位置	アンチル諸島
面積・人口	21 km² ・8,450人
独立等	2007年2月22日まではグアドループ
税制	法人税0
備考	タックスヘイブン

(3)　サン・マルタン

正式名等	サン・マルタン（Saint-Martin）
地理的位置	南半分はオランダ領のセントマーティン
面積・人口	54 km² ・約3万5,000人
独立等	2007年2月22日まではグアドループ
税制	法人税率35％
備考	通貨：ユーロ

⑷　サンピエール島・ミクロン島

正式名等	サンピエール島・ミクロン島（Saint-Pierre and Miquelon）
地理的位置	カナダのニューファンドランドの南カナダセントローレンス湾の島々
面積・人口	242 km²・約6,000人
独立等	2003年海外準県
備考	通貨：ユーロ

⑸　ウォリス・フツナ

正式名等	ウォリス・フツナ（Wallis and Futuna）
地理的位置	南太平洋上：ハワイとニュージーランドの間にある島々
面積・人口	264 km²・約1万3,000人
独立等	2003年海外準県
税制	法人税率0
備考	通貨：ニューカレドニアの通貨，タックスヘイブン

4　特別共同体

正式名等	ニューカレドニア（New Caledonia）
地理的位置	オーストラリアの東，南太平洋上の島々
面積・人口	1万8,575 km²・約27万5,000人
独立等	1998年ヌーメア協定によってニューカレドニア居住者には，フランス市民権とは異なるニューカレドニア市民権を導入。
税制	法人税率30%
備考	通貨：ニューカレドニアの通貨　タックスヘイブン

⑪　キャプティブ会社とタックスヘイブン

1　キャプティブの概要

　キャプティブ（captive）とは，自社専用保険会社の意味であるが，アジアでは，香港，シンガポール，マレーシア（ラブアン島），ミクロネシア，米州では，

バミューダ，ケイマン諸島，ハワイ州，バーモント州，欧州では，ガーンジー，ルクセンブルクがキャプティブの設立地（ドミサイル）としては有名である。世界では，約7,000社のキャプティブが存在するといわれている。

　これらの地域は概ねキャプティブに関する特別法を有している。キャプティブに特別法を有する地域はバミューダ，シンガポール，アイルランド，ルクセンブルク，米国（バーモント州，ハワイ州）など58か国（州）がある。このうち，最も古く立法したのは，1960年代末のバミューダで，ケイマン諸島が1976年，米国バーモント州が1981年，マン島が1983年，ルクセンブルクが1984年，ハワイ州が1987年，ミクロネシアが2005年に立法している。なお，日系企業がキャプティブを設立している数は，多い順に，ハワイ州，バミューダ，ミクロネシア，シンガポール等である。

　日本の保険業法第185条では，「日本に支店を設けていない海外保険会社に対して，直接契約はできない」という規制がある。したがって，外国の保険業者は，日本に支店等を設立して，監督官庁から免許を得る必要がある。

　保険業法第2条第2号ニには，「会社が同一の会社の集団（一の会社及び当該会社の子会社の集団をいう。）に属する他の会社を相手方として行うもの」が適用除外と規定されていることから，日本国内では，キャプティブを設立することはできないとされている。

　簡単な通常の例で説明すると，日本の会社（甲社）が損害保険に加入する場合，国内の保険業者（A社とする。）であれば問題はないが，保険料の安い外国の保険会社に保険をかけることはできないということである。

　上記の例にある保険業者A社は，オフショアの甲社の100％子会社であるキャプティブ（B社）に再保険をかける。甲社は，B社に直接損害保険をかけることは上記の法律によりできない。B社は，外国の安い保険料の業者に同一補償額の再々保険をかけて，再保険の際の受取保険料と再々保険の支払保険料の差額を利益として留保する。

　キャプティブにも種類があり，キャプティブを自前で運営するシングル・ペアレントキャプティブ，共同で運営するもの，他社のキャプティブの機能を一部借りる形のものがある。

　キャプティブ保険とは，日本の保険業法に妨げられることなく，自社の保険会社を海外に設立し，低い保険料で同じ補償を得ることができる外国保険業者

の保険に加入をし，その恩恵を受ける制度である。

2　キャプティブと税務

　キャプティブのドミサイルとなっているのは，バミューダ，ケイマン諸島，バルバドス等のタックスヘイブンが多いことから，租税回避の手段としてキャプティブを利用できるというむきもある。確かに，キャプティブの多い国等は，タックスヘイブンがほとんどであることは事実であるが，このようなキャプティブに対しては，タックスヘイブン対策税制（外国子会社合算税制）の適用の可能性がある。

　平成29年度の外国子会社合算税制の改正により，従前のトリガー税率は廃止され，以下のように改正された（出典：財務省）。

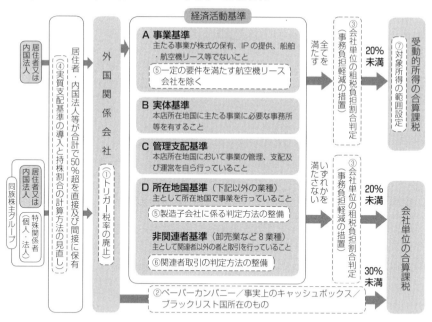

　上記の外国子会社合算税制において，ペーパーカンパニー，事実上のキャッシュボックス，ブラックリスト国所在のものに対する会社単位の合算課税の適用免税要件が令和5年度改正により30％以上から27％以上に引き下げとなった。

　上記のペーパーカンパニーは，以下のいずれの要件も満たさない会社である。

①　その主たる事業を行うに必要と認められる事務所等の固定施設を有する。
②　その本店所在地国で事業の管理，支配や運営を自ら行っている。

　上記の改正事項として，非関連者基準における関連者取引の判定方法に係るものがある。
　関連者取引とされる第三者介在取引の要件が次のように改正された。

(a)　外国関係会社と非関連者との間で行う取引（「対象取引」により非関連者に移転又は提供をされる資産，役務その他のものがその外国関係会社に係る関連者に移転又は提供をされることが対象取引を行ったときにおいて契約その他により予め定まっている場合におけるその対象取引）

(b)　外国関係会社に係る関連者と非関連者との間で行う取引（「先行取引」）により非関連者に移転または提供をされる資産，役務その他のものがその外国関係会社に係る非関連者と外国関係会社との間の取引（「対象取引」）により外国関係会社に移転又は提供をされることが先行取引を行ったときにおいて契約その他により予め定まっている場合におけるその対象取引

　上述した例を再度引用すると，内国法人（甲社）は，損害保険会社A社に損害保険をかける。甲社は，オフショアのキャプティブ（B社）を所有し，A社はB社に再保険をかける。B社は，再々保険を非関連の保険業者C社にかける。
　上記の(b)について，当てはめると以下のようになる。
①　甲社とA社の取引（先行取引）
②　A社とB社の取引（対象取引）
③　上記②の取引は，関連者取引とみなされる。
　以上のことから，外国子会社合算税制の改正により，30%以上の税率であれば，同税制の適用はないが，20%未満の場合，キャプティブが経済活動基準の要件を満たすことは難しいことから，キャプティブのタックスヘイブンによる

租税回避は難しいといえる。

3　キャプティブ利用状況

　2020年のキャプティブの利用状況における主たるタックスヘイブンは，第1位がバミューダ，第2位がケイマン諸島，第6位がバルバドス，第10位がルクセンブルク，第11位がガーンジーである（Leading global captive domiciles by number of companies 2020 | Statista：アクセス2021年8月11日）。

　目立つのは米国各州で，1981年にキャプティブ法を創設したバーモントは第3位，第4位がユタ州，ハワイは第8位である。

　日本企業がキャプティブで利用しているドミサイルは，ハワイ，バミューダ，ミクロネシア，ラブアンの順序である。

⓬　地理的区分

1　太平洋島嶼諸国の地域区分（下線部分はタックスヘイブンを示す。）

① 　ミクロネシア地域（ミクロネシア，キリバス，ナウル，マリアナ諸島，マーシャル諸島，パラオ）

② 　ポリネシア地域（ニュージーランド，サモア，ツバル，トンガ，クック諸島，ニウエ）

③ 　メラネシア地域（パプアニューギニア，フィジー，ソロモン諸島，バヌアツ，ニューカレドニア）となっている。このうち，米国属領であるマリアナ諸島（グアム，サイパン等）とニュージーランドを除くと，ミクロネシア地域（5か国），ポリネシア地域（5か国），メラネシア地域（4か国＋フランス領）となっている。

2　カリブ海におけるタックスヘイブンの分布

　カリブ海は小さな島が多く，英国，オランダ等の海外領土もあって，世界的に最もタックスヘイブンの密集している地域である。大西洋にあるバミューダ，中南米所在のウルグアイ，コスタリカ，パナマ，パラグアイ，ベリーズを除いて，カリブ海の諸島を3つに区分すると，以下のとおりである。

(1)　バハマ諸島（タークスケイコス諸島，バハマ）

(2)　大アンチル諸島（キューバ，ケイマン諸島，ジャマイカ，ドミニカ共和国，ハイチ，プエルトリコ）

(3)　小アンチル諸島は，さらに3つに区分される。

①　リーワード諸島（米領バージン諸島，英領バージン諸島，アンギラ，セントマーティン，セントクリストファーネイビス，アンティグア・バーブーダ，ドミニカ国，モントセラト）

②　ウィンドワード諸島（セントルシア，セントビンセント・グレナディーン諸島，グレナダ，バルバトス，トリニダード・トバゴ）

③　リーワード・アンチル諸島（蘭領アンチルから分離したアルバ，キュラソー）

　上記に掲げた29か国等のうち，キューバ，ドミニカ共和国，ハイチ，米領バージン諸島を除く25か国等がタックスヘイブンである。

3　カリブ海地域の独立，海外領土等の区分

上記の25か国等を独立，海外領土等で区分すると以下のとおりである。

①　旧英国領で現在独立11（ジャマイカ，トリニダード・トバゴ，ベリーズ，バハマ，バルバドス，セントルシア，グレナダ，セントビンセント・グレナディーン，アンティグア・バーブーダ，ドミニカ国，セントクリストファーネイビス）

②　英国の海外領土6（タークスケイコス，ケイマン諸島，バミューダ（北大西洋），英領バージン諸島，アンギラ，モントセラト）

③　オランダの海外領土3（キュラソー，アルバ，セントマーティン）

④　米国の属領1（プエルトリコ）

⑤　独立国（旧宗主国）4：パラグアイ（スペイン），ウルグアイ（スペイン），コスタリカ（中米連合），パナマ（コロンビア）

4　カリブ共同体（Caribbean Community：CARICOM）

(1)　カリブ共同体の概要

　カリブ諸国の域内の貿易自由化，経済統合等の調整を行う目的とする機関で，14か国と1地域が参加している。参加国等（以下「カリコム加盟国」という。）

は，①アンティグア・バーブーダ，②バハマ，③バルバドス，④ベリーズ，⑤ドミニカ国，⑥グレナダ，⑦ガイアナ，⑧ハイチ，⑨ジャマイカ，⑩モントセラト，⑪セントクリストファーネイビス，⑫セントルシア，⑬セントビンセント・グレナディーン，⑭スリナム，⑮トリニダード・トバゴ，である。

準加盟国は，①アンギラ，②バミューダ，③英領バージン諸島，④ケイマン諸島，⑤タークスケイコス，である。

(2)　カリブ共同体内租税条約

イ　条約の名称

1994年締結の原条約は，2000年に改訂された。条約の名称は，Income Tax（Avoidance of Double Taxation）（CARICOM）Act Chapter 56である。

ロ　条約の締約国

締約国の15か国は，アンティグア・バーブーダ，バハマ，バルバドス，ベリーズ，ドミニカ国，グレナダ，ガイアナ，ハイチ，ジャマイカ，モントセラト，セントルシア，セントクリストファーネイビス，セントビンセント・グレナディーン，スリナム，トリニダード・トバゴが参加している。

ハ　条文構成

全28条の条文構成は，第1条（条約の範囲），第2条（対象税目），第3条（一般的定義），第4条（住所），第5条（課税管轄），第6条（不動産所得），第7条（譲渡収益），第8条（事業利得），第9条（国際運輸業所得），第10条（関連企業），第11条（配当），第12条（利子），第13条（使用料），第14条（経営管理料），第15条（給与所得），第16条（自由職業所得），第17条（役員報酬），第18条（芸能人・運動家），第19条（年金），第20条（政府職員），第21条（学生），第22条（無差別取扱），第23条（相互協議），第24条（情報交換），第25条（外交官），第26条（署名），第27条（発効），第28条（適用）である。

投資所得の限度税率は，配当（0），利子及び使用料（15％）である。

ニ　カリブ共同体租税条約の利用法

カリブ共同体租税条約締約国には，国外で事業を行う法人（international business company：IBC）について規定し，IBCの国外源泉所得は免税としている国も多い。例えば，カリコム加盟国以外の国が，IBCの規定のある国に法人を設立し，他のカリコム加盟国に子会社を設立して子会社から配当を受領する場合，子会社では条約免税，居住地国では免税徒いう措置になる。

　カリコム加盟国以外の国がカリコム加盟国に法人を設立するという直接投資を行い，当該法人から配当を受け取る場合，配当源泉地国における課税が生じる。一般に，カリコム加盟国と租税条約を締結している国は少ない。

　英国は，IBCを国内法に規定しているアンティグア・バーブーダ，ベリーズ，グレナダと租税条約を締結している。いずれの租税条約においても，配当は，源泉地国免税となっていることから，これら3か国を基地にすれば，カリコム加盟国の子会社等からの配当は無税となる。なお，アンティグア・バーブーダ，ベリーズのIBCについては，FHTPより廃止勧告が出されている。

5　旧ソ連の地理的区分

　地域別に分けるとロシアを除く旧ソ連の国々は，次のように分けることができる。

① 中央アジア地域（ウズベキスタン，カザフスタン，キルギス，タジキスタン，トルクメニスタン）

② 南コーカサス地域（アゼルバイジャン，アルメニア，ジョージア）

③ 東欧地域（ウクライナ，ベラルーシ，モルドバ）

6　旧ユーゴスラビアの分割

　旧ユーゴスラビアは，民族間の対立等で紛争が続いたが，近年の国名の変遷は下記のとおりである。

・1963年ユーゴスラビア社会主義連邦共和国

・1992年ユーゴスラビア連邦共和国

・2003年2月4日「セルビア・モンテネグロ」となり，ユーゴスラビアの国名が消滅。

　現在は，下記のような国に分割されている。以下③から⑦の国は，法人税率が15％以下である。

① スロベニア共和国（1991年6月に独立を宣言）

② クロアチア共和国（1991年6月に独立を宣言）

③ 北マケドニア共和国（1991年に独立を宣言，1992年3月に完全独立し，マケドニア共和国となった。2019年に北マケドニア共和国に改称）

④ ボスニア・ヘルツェゴビナ共和国（1992年3月に独立を宣言）

⑤　セルビア共和国（2006年モンテネグロ共和国の独立に伴って独立しセル
　　ビア共和国となった。）
⑥　コソボ共和国（2008年 2 月17日に独立を宣言）
⑦　モンテネグロ共和国（2003年，「セルビア・モンテネグロ」として共同
　　国家を維持，2006年分離独立しモンテネグロとなった。）

⓭　海外領土一覧

以下は，海外領土を有する国と海外領土の一覧表である。

米国	プエルトリコ
	北マリアナ諸島
	グアム
	米領バージン諸島
	米領サモア
英国（欧州）	ガーンジー（王室属領）
	ジャージー（王室属領）
	ジブラルタル
	マン島（王室属領）
英国（カリブ海）	アンギラ
	英領バージン諸島
	ケイマン諸島
	タークスケイコス
	バミューダ（北大西洋）
	モントセラト
英国（南大西洋）	セントヘレナ
	アセンション島
	トリスタンダクーニャ島
英国（南大西洋）	フォークランド諸島

英国（インド洋）	チャゴス諸島（モルディブの南1,600 km）
オランダ	アルバ
	キュラソー
	セントマーティン（セントマーティン）
中国	香港：2047年まで一国二制度
	マカオ：2049年まで一国二制度
デンマーク	グリーンランド（自治領）
	フェロー諸島
ノルウェー	スバールバル諸島
フィンランド	オーランド諸島（自治領）
フランス	海外県，海外準県，特別共同体（前掲　10フランスの海外県の税務参照）

⑭ タックスヘイブン一覧

1　大蔵省告示

　以下のリスト掲載国等は，タックスヘイブン税制導入時に大蔵省告示として作成され，その後平成4（1992）年の改正時まで次の国等が追加されている（追加された国等には下線を付した）。なお，この参考文献としては，高橋元監修『タックスヘイブン対策税制の解説』（清文社　昭和54年）がある。また，タックスヘイブンを含めて各国の税制を解説した和書としては，小沢進・矢内一好『国際税務要覧』（財経詳報社　平成3年）がある。以下は，平成4年廃止時の指定制度である。下線部分は原案が改正された箇所である。

（全所得軽課税国等：19）アンドラ，アンギラ，バハマ，バーレーン，バミューダ，英領チャンネル諸島，英領バージン諸島，ケイマン諸島，ジブチ，香港，マン島，リヒテンシュタイン，マカオ，ナウル，ニューカレドニア，バヌアツ，タークスケイコス諸島，モルディブ，モナコ（ニュー・ヘブリデス削除）

（国外源泉所得軽課税国等：5）コスタリカ，パナマ，セントヘレナ，ウルグアイ，ソロモン

（特定事業所得軽課税国等：18か国，23事業）アンティグア，バルバドス，グレナダ，ジブラルタル，ジャマイカ，リベリア，ルクセンブルク，モントセラト，オランダ領アンチル（2事業），セントビンセント（2事業），スイス（2事業），リベリア，マルタ，サイプラス（2事業），クック諸島，セーシェル，アルバ（2事業），ネイビス

2　EU が公表したブラックリスト国

2020年に EU が公表した最新のブラックリスト国は下記の国・地域である。

米領サモア，サモア，フィジー，グアム，オマーン，トリニダード・トバゴ，米領バージン諸島，バヌアツ，ケイマン諸島，パナマ，セーシェル，パラオ

3　税務執行共助条約の適用拡大

　下記の国が参加している税務執行共助条約は，以下の海外領土に適用拡大している。

オランダ	アルバ，キュラソー，セントマーティン
デンマーク	グリーンランド，フェロー諸島
英国	モントセラト，タークスケイコス，ケイマン諸島，アンギラ，英領バージン諸島，ジブラルタル，バミューダ，マン島，ジャージー，ガーンジー

4 地域別区分

アジア・大洋州	クック諸島，サモア独立国，シンガポール，ナウル，ニウエ，ニューカレドニア，バヌアツ，パラオ，香港，マカオ，マーシャル諸島，ラブアン島（マレーシア）
米州・カリブ海	アルバ，アンギラ，アンティグア・バーブーダ，英領バージン諸島，ウルグアイ，キュラソー，グレナダ，ケイマン諸島，コスタリカ，サン・バルテルミー島，ジャマイカ，セントクリストファーネイビス，セントビンセント・グレナディーン，セントルシア，タークスケイコス，ドミニカ国，トリニダード・トバゴ，パナマ，バハマ，バミューダ，パラグアイ，バルバドス，プエルトリコ，ベリーズ，モントセラト
欧州	アイルランド，アルバニア，アンドラ，ウズベキスタン，オランダ，ガーンジー，北マケドニア，キプロス（英文表示サイプラス），キルギス，コソボ，ジブラルタル，ジャージー，ジョージア，スイス，セルビア，ハンガリー，ブルガリア，ボスニア・ヘルツェゴビナ，マルタ，マン島，モナコ，モルドバ，モンテネグロ，ラトビア，リヒテンシュタイン，ルクセンブルク
印度洋・中東・アフリカ	アラブ首長国連邦（2023年6月1日以降の会計年度で法人税率9％を新設），カタール，コモロ連合，ジブチ，セントヘレナ，セーシェル，ナミビア，バーレーン，モーリシャス，リベリア，レバノン

5 タックスヘイブンの新区分

所得税・法人税のない国等	（アジア・大洋州）ウォリス・フツナ，トケラウ，バヌアツ
	（米州・カリブ海）アンギラ，英領バージン諸島，ケイマン諸島，サン・バルテルミー島，タークスケイコス，バハマ，バミューダ
	（欧州）ガーンジー，ジャージー，マン島
	（印度洋中東アフリカ）アラブ首長国連邦，ジブチ（非居住者のみ），バーレーン
軽課税国等 （カッコ内の数字は法人税率）	（アジア・大洋州）ナウル（10％），パラオ（総収入税率4％），マカオ（12％），マーシャル諸島（総収入税率3％）

	（米州・カリブ海）パラグアイ（10%）
	（欧州）アイルランド（12.5%），アルバニア（15%），アンドラ（10%），ウズベキスタン（15%），北マケドニア（10%），キルギス（10%），コソボ（10%），ジブラルタル（10%），ジョージア（15%），セルビア（15%），トルクメニスタン（8%），ハンガリー（9%），ブルガリア（10%），ボスニア・ヘルツェゴビナ（10%），マルタ（法人税の還付），モルドバ（12%），モンテネグロ（9%：2022年以後9〜15%に改正），リトアニア（15%），リヒテンシュタイン（12.5%）
	（印度洋中東アフリカ）クウェート（15%），オマーン（15%），パレスチナ（15%），カタール（10%），セントヘレナ（法人税率10%，15%），モーリシャス（15%）
オフショア所得軽課税国等	（アジア・大洋州）クック諸島，香港，サモア独立国，ニウエ
	（米州・カリブ海）アルバ，ウルグアイ，グレナダ，コスタリカ，セントルシア，バルバドス，プエルトリコ，パナマ，ベリーズ，モントセラト
	（欧州）キプロス
	（印度洋中東アフリカ）コモロ，セーシェル
特定事業所得軽課税国等	（アジア・大洋州）シンガポール，ニューカレドニア，ラブアン島（マレーシア）
	（米州・カリブ海）アンティグア・バーブーダ，キュラソー（特区2%），ジャマイカ，セントクリストファーネイビス，セントビンセント・グレナディーン，セントマーティン，ドミニカ国，トリニダード・トバゴ，プエルトリコ
	（欧州）オランダ，マルタ，モナコ，ラトビア，ルクセンブルク
	（印度洋中東アフリカ）ナミビア，モーリシャス，リベリア，レバノン

（注1）オフショア所得軽課税国等は，名称としては international business company（略称 IBC）等，種々のものがあるが，国外所得のみを取得する法人について免税とする措置である。香港等の属地主義の国等では，居住法人の国外所得を課税しない法制であるが，これとオフショア所得軽課税国等との相違は，属地主義は，居住者が株主である居住法人の国外所得免税であるのに対して，IBC の場合は，その株主が非居住者のみで，国内所得がない場合が通常である。この場合，IBC が設立されたタックスヘイブンは，課税を免除する措置を講じている。なお，IBC については，FHTP から廃止勧告が出ている国等も多い（巻末資料4参照）。

（注２）上記の国の指定制度が存続していた1990（平成２）年当時の法人税率は，ブルガリア（40％），ハンガリー（40％），パラグアイ（25〜30％），カタール（０〜50％），ウズベキスタン（1990年当時は旧ソ連邦で法人税率40％）であり，軽課税国ではなかった。
（注３）アイルランドは，現在12.5％であるが，日本が指定制度を創設した当時の法人税の基本税率は43％で，適格製造業等に対して優遇税率の10％を適用していたことから，指定制度には含まれなかった。
（注４）ハンガリーは基本税率を９％と低く抑えて，業種により付加税を課す方式を採用していることから，付加税を勘案すると軽課税国等に該当しない場合もあるが，ここでは，基本税率により判定している。
（注５）スイスは連邦税の税率（7.8％）が低いが，州税の負担が大きいことから，軽課税国等には該当しないこととしたが，FHTPから持株会社等に廃止勧告が出た結果，国内法が改正されてこれらの優遇措置が廃止されている。
（注６）モナコの法人税率はフランスと同じであるが，売上の25％以上を国外で取得している法人が対象であり，モナコ国内で所得を得ている法人は課税対象外である。変則的な税制であることから除外した。

6　法人税率が15%超20%以下の国等（カッコ内は法人税率）

　上記の軽課税国は法人税率が15％以下であるが，一般にタックスヘイブンという場合，15％超で20％以下の低税率国等も含まれることもあることから，以下は，低税率国等の一覧である。なお，地域区分は，対象国の多い地域を基準にした。

アジア	香港（16.5％），シンガポール（17％），台湾（20％），フィジー（20％），ブルネイ（18％），ベトナム（20％）
欧州	アイスランド（20％），英国（19％：2023年４月から25％），クロアチア（18％），サンマリノ（17％）スロベニア（19％），セルビア（15％）チェコ（19％），フィンランド（20％），フェロー諸島（18％），ポーランド（19％），ルーマニア（16％）
旧ソ連	アルメニア（18％），アゼルバイジャン（20％），ウクライナ（18％），エストニア（20％），カザフスタン（20％），ジョージア（15％），ベラルーシ（18％），リトアニア（15％），ロシア（20％）
中東	イラク（15％），イエメン（20％），サウジアラビア（20％），ヨルダン（20％），レバノン（17％）
アフリカ	マダガスカル（20％），リビア（20％）

Ⅲ
アジア大洋州の
タックスヘイブン

　以下の表における租税条約等は，日本との租税条約等を意味し，その国等が締結している租税条約については本書冒頭の国名等早見表に記載した。

　タックスヘイブン

1　クック諸島

正式国名等	クック諸島（Cook Islands）
地理的位置	ポリネシア地域，フィジーとタヒチの間に位置し，15の島々よりなる。
面積・人口	面積は約237 km^2（長崎県平戸市とほぼ同じ）・17,900人（2020年）
独立等	日本は，2011年3月25日，クック諸島を国家として承認。ニュージーランドとは自由連合関係にある。
税制	国内で活動する法人の税率は20％である。非居住法人の法人税率は28％である。キャピタルゲイン税はない。非居住者に支払う配当，利子又は使用料に対する源泉徴収税率は15％である。内国法人が他の法人から受け取る配当は，益金不算入とされるが，支払法人は損金計上を認められる。
租税条約等	執行共助条約
AEOI	参加
オフショア銀行	0
備考	FHTP勧告：IBC（廃止），キャプティブ保険（廃止），国際銀行（廃止），国際保険会社（廃止），開発投資インセンティブ（廃止），所定の公的業務へのインセンティブ（廃止），国際会社（廃止）

（要覧：1990）居住法人20％，非居住法人27.5％，外国保険会社3％，投資会社（持株会社として機能する場合，受取配当は源泉徴収のみ，株式譲渡益の課税なし。
・国税庁は2013年6月，カリブ海のケイマン諸島や南太平洋のクック諸島など国や地域に財産をもつ日本人のリストを大量に入手したと発表した。

2　サモア独立国（旧国名　西サモア）

正式国名等	サモア独立国（Independent State of Samoa）

地理的位置	ポリネシア地域，サモア諸島のうち，西経171度線を境として西側に位置する（東サモアは米国領）。
面積・人口	2,830 km^2（東京都の約1.3倍）・198,410人（2020年）
独立等	1962年1月1日西サモアとして独立
税制	国内で営業する居住法人は，税率27％で全世界所得に課税され，非居住法人は，国内源泉所得のみに課税される。International Companies Act 1987により登録された international offshore companies は，租税を免除される。
租税条約等	租税情報交換協定
AEOI	参加
オフショア銀行	0
備考	対中国投資が多いことで知られている。EU が公表した最新のブラックリスト国，オフショア所得軽課税国，日本との関係では，北海道の森林を取得している国として，サモアが第1位，中国・香港が第2位である。この森林取得をするサモア法人は，中国等のダミーである。

（要覧：1990年）法人所得税39％，非居住法人48％，個人所得税5～50％

3　シンガポール

(1) シンガポールの概要

正式国名等	シンガポール共和国（Republic of Singapore）
地理的位置	マレー半島の先端のシンガポール島及び60以上の小規模な島々からなる島国
面積・人口	約720 km^2（東京23区と同程度）・約569万人（2020年）
独立等	1965年マラヤ連邦より独立
税制	法人税率17％，投資企業への優遇税制がある。
租税条約等	租税条約
AEOI	参加
オフショア銀行	212
備考	優遇税制等は，以下の(4)参照。

(2)　法人に課される税

法人税	①　納税義務者は，管理支配地基準で区分される。 ②　国外源泉所得は，シンガポールへ送金又は受領されない限り課税されない。なお，2003年6月以降，国外源泉所得である配当，支店の事業所得及び役務提供所得は，当該所得の源泉地国の最高税率が15%以上であり，かつその国において課税されていれば，シンガポールへ送金されても免税となる。 ③　キャピタルゲインは原則として非課税 ④　グループ法人間で損失等の振替控除制度が認められる。適用対象となるグループ法人は，シンガポールで設立された所有割合75%以上の親子会社，及び同一のシンガポール法人により75%以上を所有されている兄弟会社である。 ⑤　経済拡大奨励法等により，パイオニア企業，投資控除，経営本部（Operational Headquarters）等，多くの租税優遇措置が認められている。 ⑥　企業所得課税としての地方税はない。 ⑦　課税方法は賦課課税制度
印紙税	不動産取引及び株式関連取引に印紙税が課される。

(3)　シンガポールの会計基準

　シンガポールが定めた会計基準が適用されるが，内容は，国際財務報告基準（IFRS）とほぼ同じ基準である。

(4)　租税優遇措置一覧

　以下は，租税優遇措置であるが，適用要件等は省略して適用税率のみを記載している。

租税優遇措置 カッコ内は FHTP の勧告	①　パイオニア企業：最長15年までの期間免税とされる。2024年1月1日以降は新たに認可されないこととされている（廃止）。 ②　開発及び拡大インセンティブ：シンガポール国内において高付加価値の業務に従事する法人については，認可された所得につき5%又は10%の税率が適用される（廃止）。サービスは有害なし。 ③　知的財産開発インセンティブ：一定期間約5%～10%の軽減税率が適用される（有害なし）。

④ 投資控除：所定の資産の割増償却（100％まで）が認められる。
⑤ 経営本部：0％～10％の軽減税率が一定期間適用される。
⑥ 財務センター：10％の軽減税率が10年間を限度に認められる（有害なし）。
⑦ グローバルトレーダー：5％又は10％の軽減税率の適用を5年間認められ，さらに5年間の延長も可能である（有害なし）。
⑧ ベンチャーキャピタル企業：免税又は10％以下の軽減税率が10年間を限度に認められる。
⑨ 所定の新設法人に対する免税措置：2020賦課年度以降は，最初の10万S＄までの部分について75％免税に改正された。
⑩ 適格航空機リース事業：所定の所得について5％又は10％の軽減税率の適用（有害なし）
⑪ 海運事業インセンティブ：10％の軽減税率が適用される（有害なし）。

(5) レンタルオフィス事件

2012年10月にシンガポールを舞台にした標題の訴訟に関する判決が申し渡され，結果，税務当局は敗訴したケース（レンタルオフィス事件）がある。

この事件の概要は以下のとおりである。

① 日本の精密部品製造会社の役員が個人の会社をシンガポールに設立した（持株比率：99.99％）。
② 当該個人会社は上記①の日本の精密部品製造会社の関連会社（タイの法人）の製品をアジアに点在する顧客に卸売販売していた。
③ シンガポールの個人会社は当地のレンタルオフィス・サービスを行う会社と業務委託契約を締結して以下を“調達”していた。

• 事務所設備の賃貸
• 業務オペレーション代行サービス
• 営業マンの派遣

実態としてはこの精密部品製造会社役員はほとんど日本在住であり，レンタルしたオフィスは机1台とパソコン1台がようやく入る程度のオフィススペースであった。

こうしたことに着目した国税局は，これは実体基準と管理支配基準という条

件2点において外国子会社合算税制の適用除外項目を満たしていないと判断，この役員らを相手取って裁判へと発展した。結局，国側は東京地裁と東京高裁でも敗訴となる。その裁判所は国側の請求を棄却の理由として以下の点を指摘した。

① 実体基準：この"最小の"ビジネス単位ともいえる状態（固定資産は僅か机＆パソコン各1台のみ）であっても，規模が大きくない卸売業を行うことは充分可能

② 管理支配基準：派遣社員に販売や仕入れを行うだけでなく，一定の裁量権限が与えられていた為，この個人会社が敢えて直接雇用をする必要なく，指示命令系統が派遣社員に対して株式保有したレンタルオフィスの会社役員が行っていた。

その他には，シンガポール子会社の所得を内国法人に合算課税処分がなされ，日本・シンガポール租税条約の適用に反することが争われたグラクソ事案（最高裁平成21年10月29日）がある。

(6)　デンソー事件最高裁判決（2017年10月24日）

シンガポールの地域統括センターを巡る外国子会社合算税制の事業基準に関する判決で納税者側勝訴。

(7)　ポイント

> シンガポールは，上記(4)に示したように各種の優遇措置がある。最低税率制度の場合，実効税率に基づくことになると，優遇税制の適用に注意を払う必要がある。

4　トケラウ

正式国名等	トケラウ（Tokelau）
地理的位置	南太平洋，旧称はユニオン諸島（英：Union Islands）。トケラウ諸島（英語：Tokelau Islands）のアタフ島，ヌクノノ島，ファカオフォ島の3つの環礁から成る。
面積・人口	12 km^2・1,411人

独立等	ニュージーランドの自治領
税制	法人税 0
AEOI	不参加
オフショア銀行	0

5　ナウル

正式国名等	ナウル共和国（Republic of Nauru）
地理的位置	太平洋南西部に浮かぶ珊瑚礁の共和国。
面積・人口	21.1 km^2（東京都品川区とほぼ同じ）・10,834人（2020年）
独立等	1968年独立
税制	2016年立法の事業税法では，税率が個人居住者10%，その他の者10%，国際運輸業は 2 %である。
租税条約等	執行共助条約
AEOI	参加
オフショア銀行	0
備考	無税の状態から軽課税国等になる。リン鉱石の資源が枯渇して経済的に苦境に立ち税制改正をした。

（解説）ナウルには，直接税，間接税を問わず一切の租税が存在しない。憲法第60条により，政府の提案により議会が租税を創設できるようになっている。

6　ニウエ

正式国名等	ニウエ（Niue）
地理的位置	オセアニア東部にある立憲君主制国家。ニュージーランドの北東，トンガの東，サモアの南東にあるニウエ島を領土とする。ニュージーランド王国の構成国であると同時に，自由連合関係をとっている。
面積・人口	259 km^2（愛知県豊橋市とほぼ同じ）・1,888人（2020年）
独立等	日本は2015年 5 月15日，ニウエを国家として承認。
税制	オフショア企業はすべての租税を免除される。ニウエの居住法人は，その全世界所得に30%の税率で課税される。

租税条約等	執行共助条約
AEOI	参加
オフショア銀行	0
備考	オフショア所得軽課税国（IBC はすべての租税を免除，IBC の受取配当，支払配当に課税なし，IBC の外国株主への支払い課税なし）

7　ニューカレドニア

正式名等	ニューカレドニア（New Caledonia）
地理的位置	ニューカレドニア島及びロイヤルティ諸島からなるである。ニッケルを産出する鉱業の島である一方，リゾート地でもある。
面積・人口	1 万8,575 km^2・約28万人
独立等	フランスの海外領土
税制	ニッケル産業を除く一般法人の法人税率は30％（国内源泉所得のみ課税）で，付加価値税（VAT）或いは売上税はない。tourism, hotels, industry, transport, fisheries, new energy sources, agriculture, construction, and public works give rise to a 15% tax rebate.（税額控除）
租税条約等	執行共助条約
AEOI	不参加
オフショア銀行	0
備考	特定事業所得軽課税国等，ニューカレドニア独立の是非を問う3度目の投票が2021年12月に行われ独立が否決された。

（要覧1990）法人所得税30％，個人所得税 0 〜40％，支店利益税12％

8　バヌアツ

正式国名等	バヌアツ共和国（Republic of Vanuatu）（ニュー・ヘブリデス：独立前の呼称）
地理的位置	南太平洋のシェパード諸島の火山島上に位置する共和制国家である。

面積・人口	1万2,190 km^2（新潟県とほぼ同じ大きさ）・307,150人（2020年）
独立等	1980年独立，イギリス連邦加盟国
税制	付加価値税の税率は，12.5％である。
租税条約等	執行共助条約
AEOI	参加
オフショア銀行	7
備考	全所得軽課税国等，EU が公表した最新のブラックリスト国

（解説）所得に対する課税がなく，英国が企業の財務内容を公表しなくてもよい法律を適用しているためエクソン。ゼネラルモーターズが金融会社を設立している。
（要覧1990）オフショア免税会社は会社法に基づく秘密保護の保障がある。

9　パラオ

正式国名等	パラオ共和国（Republic of Palau）
地理的位置	太平洋に位置し，ミクロネシア地域の島々からなる共和制国家
面積・人口	488 km^2（屋久島とほぼ同じ）・18,092人（2020年）
独立等	1994年独立（旧米国の信託統治領）
税制	総収入税4％，源泉税なし，外国人は入国のたびに環境税100ドル徴収
AEOI	参加（開始年度未確定）
オフショア銀行	0
備考	軽課税国等（要覧）

（要覧1990）法人所得税0，総収入税4％（金融機関は純所得の4％，その他は使用人に給与控除後の4％），給与所得6～12％

10　東ティモール

正式国名等	東ティモール民主共和国（The Democratic Republic of Timor-Leste）
地理的位置	小スンダ列島にあるティモール島の東半分

面積・人口	14,900 km^2・約130万人（2021年）
独立等	2002年インドネシアから独立
税制	法人税率10%

11　香　港

正式国名等	香港（Hong Kong）
地理的位置	中国の南部にある特別行政区
面積・人口	1,106 km^2（東京都の約半分）約740万人（2021年）
独立等	1997年7月1日中国に返還
税制	法人税率16.5%
租税条約等	租税条約
AEOI	参加
オフショア銀行	454
備考	特定事業所得軽課税国等

（1）　法人に課される税

事業所得税 （法人税）	①　「申告納税方式」ではなく「賦課課税方式」であることから，納税者は情報申告書を提出する。 ②　国外源泉所得は非課税。香港国内を源泉地とする所得（オンショア所得）のみに課税。課税所得の範囲につき内国法人，外国法人，居住者，非居住者は同等に扱われ課税上の差異はない。 ③　パートナーシップは，それ自体が納税主体となる。 ④　キャピタルゲインは非課税。 ⑤　受取配当は非課税。 ⑥　一定の受取利息は国内源泉所得であっても非課税。 ⑦　源泉徴収は，非居住者への使用料のみ課税。
資産所得税	所有不動産の賃貸によって生じる資産所得に対する資産所得税がある。しかし，法人が不動産賃貸収入をその事業所得として計上していた場合には資産所得税を課さない。

印紙税	印紙税は香港国内に所在する不動産の賃貸借，販売，譲渡及び株式の譲渡に係る文書について，その譲渡価額等を課税標準として課される税である。当該譲渡等が市場価格よりも下回ってなされる場合には，市場価格が課税標準となる。納税義務者はすべての契約当事者である。香港株式の譲渡については，株式の譲渡価格に対し0.1%が課されるが，企業グループ内の株式譲渡については，一定の要件を満たす場合には印紙税は免除される。

⑵　香港の会計基準

　香港では，国際財務報告基準（IFRS）とほぼ同等の香港財務報告基準という会計基準を採用している。

⑶　香港の輸出入の相手国

　輸出（2016年）の相手国とシェアは以下のとおりである。①中国（54.2%），②米国（9%），③日本（3.3%），④インド（3.3%），⑤台湾（2.1%）である。輸入（2016年）相手国とシェアは以下のとおりである。①中国（47.8%），②台湾（7.3%），③シンガポール（6.5%），④日本（6.2%），⑤米国（5.2%）である。また，香港の対中国直接投資のシェアは，74.7%（2018年）である。

　　（注）資料は以下のサイトに2021年4月20日にアクセスした。
　　https://www.digima-japan.com/knowhow/hong-kong/16373.php

⑷　多国籍企業の企業財務センター（Corporate Treasury Centre，以下「CTC」という。）誘致のための優遇税制（FHTP：有害なし）

　香港は，長い間16.5%の法人税率を続ける一方，軽課税であることから，優遇税制を施行していなかったが標題の税制が創設されている。

　中国を含む多くの国の多国籍企業のCTCを香港に誘致するための以下の条項を含んだ改正が行われ，2016年6月3日より施行されている。

　①　CTCとして設立された企業が，香港で1つ以上の金融財務活動を行っており，それ以外のいかなる活動も行っていない等の条件を満たした適格CTCである場合，当該企業が稼得した適格所得に対する税率は，通常税率の半分である8.25%が適用される。

　②　香港でグループ内ファイナンス事業を行う企業が国外関連者からの借入れに対して支払う利子について一定の条件のもと損金算入を認め，当該事業から生じる利息収入及び一定の利益に関する新たなみなし規定が導入される。

⑸　世界金融センター指数による順位

　英国のシンクタンクの調査よる金融センター国際的競争力を示す指標として，世界金融センター指数（Global Financial Centres Index）がある。2021年3月発表の順位は，①ニューヨーク，②ロンドン，③上海，④香港，⑤シンガポール，⑥北京，⑦東京，⑧深圳，⑨フランクフルト，⑩チューリッヒ，である。

⑹　香港における AEOI

　香港は日本に近く，アジア有数の金融センターであることから，現地の金融機関を利用している内国法人或いは日本居住者も多いと推測できる。日本では，2012（平成24）年に法改正をして2014（平成26）年1月1日から適用を開始した「国外財産調書」という制度がある。この制度は，国外に5,000万円を超える国外財産を保有する居住者は，この調書を平成26年1月以降，提出することが義務付けられている。

　仮に，香港の銀行に夫婦で合計して1億円を預金している日本居住者がいるとすると，国税庁がこの預金の存在を知るには次の3つの方法が考えられる。

①　「国外財産調書」の提出（夫婦で5,000万円ずつの預金であれば提出義務はない。）

②　日本・香港租税条約による情報交換規定（同条約第25条）

③　AEOI により，香港の内国歳入庁（Inland Revenue Department：以下「IRD」という。）から日本の国税庁にこの預金情報が伝えられる。

　ここまでで，租税条約に基づく情報交換よりも，AEOI の精度のほうが高いことはすでに述べたとおりである。

　また，内国法人が，香港の預金口座を名義人（ノミニー）にしている場合，この預金口座情報は，CRS により捕捉されるのかという問題がある。この場合，金融機関が署名権限のある者の登録を求めた場合，その全権を第三者に委任するのかの判断を要する事項であり，また，CRS に規定する受動的非金融機関事業体に該当するときはその支配者の居住地国が特定されることになる。

　香港は，米国の「外国口座税務コンプライアンス法」の政府間協定においてモデル2の適用であるが，米国・香港情報交換協定第5条に「要請に基づく情報交換」の規定があることから，自動的ではないが，米国から情報交換の可能性は残されている。

(7)　香港内国歳入庁（IRD）発行の AEOI に関する FAQ

　香港の IRD は，OECD が進めた AEOI に関する質疑応答集（FAQ）を2018年7月12日に公表した。ちなみに，日本の国税庁は，2016年7月（2022年7月最終改訂）の FAQ を公表している。香港は，国内法として2016年6月30日に IRD 命令 NO.3（以下「IRO」という。）の適用を開始している。なお，IRD は，上記の FAQ 以外に CRS のガイダンス等の文書を公表している。

　アジア地域では，日本，シンガポール，中国本土，香港，マカオ等が AEOI について2018年までに初回交換をする参加国になっている。

　また，シンガポールの内国歳入庁は，2016年12月7日に最初の FAQ を公表し，その後，何度か改訂して現在に至っている。

　香港とシンガポールの非居住者に対する利子に関する源泉徴収の相違は，香港では課税がないのに対して，シンガポールは源泉徴収があり，日本との間の租税条約により限度是率は10％に軽減されている。

　IRD による FAQ のうち，本書と関連のある事項を抜き出すと以下のとおりである。

① 　報告義務のある金融機関は，口座保有者に対して自身の税務上の居住形態の検証のために自己宣誓書（self-certification）の作成を行うことを要請し，その記録は金融機関に6年間保存される。

② 　自己宣誓書は，2017年1月以降開設の新規口座から適用となり，それ以前に口座を開設していた者については，金融機関に口座保有者に疑義のある時は，自己申告書の作成が必要になる。

③ 　報告義務を負う金融機関は，保管機関（custodial institutions：証券会社等），預金機関（depository institutions：銀行等），投資事業体（investment entities：投資信託等），特定保険会社（specified insurance companies：生命保険会社等）であり，香港居住金融機関或いは外国金融機関の香港支店が該当する。

④ 　報告対象となる金融口座は，証券口座等，普通預金，定期預金等の預金口座，信託等の投資持分，キャッシュバリュー保険契約，年金保険契約，である。

⑤ 　日本では，2008年3月から施行された「犯罪による収益の移転防止に関する法律」により，マネーロンダリング等の犯罪に利用されることを防止

するために，公的証書により本人特定事項を確認することになった。これ
に対応する香港の精度は何かということになる。金融機関が口座保有者に
より提出された自己宣誓書をどのように検証するのかということになるが
（FAQ・Q21），基本的に，口座開設時に金融機関の保有する情報を基礎と
する正常な判断テスト（reasonableness test）を満たすのであれば，金融
機関は自己宣誓書に依存することが期待されている。

⑥　例えば，ある国において AEOI が適用される可能性があることから，タ
ックスヘイブンである英領バージン諸島，ケイマン諸島も AEOI の参加国
であることから，これらの地域に預金等を移しても自動的交換の対象とな
る。

⑻　来料加工の税務

平成29年度改正前の外国子会社合算税制の適用は次のとおりであった。

例えば，日本企業の香港子会社が中国華南にある第三者の中国企業に，来料
加工で製造委託をする。この場合，香港子会社の業種が問題で，製造問屋とし
て卸売業に当てはまるなら，非関連者基準によれば，売上げか仕入れのどちら
か一方の50％超が非関連者との取引なら，外国子会社合算税制の適用除外にな
る。

一方，第三者の中国企業はこの香港子会社から生産管理や労務管理の指導を
受け，資本関係は別とはいえ，両社が一体として製造業を営んでいるとの見方
もできる。そうすると香港子会社の業種が製造業になり，香港は中国の行政上，
独立行政地区で，工場が本店所在地である香港にないことになり，外国子会社
合算税制の適用除外にはならないことになる。

こうしたケースで所在地国基準と非関連者基準のどちらが適用されるかにつ
いて明確な基準がなかったため，数件の事案が裁判所に持ち込まれたが，中国
来料加工取引を行う香港子会社について，その主たる事業である製造業を主と
して中国本土（香港以外）で行っているなどとし，所在地国基準を満たさない
として納税者が敗訴した。

香港と中国本土には租税条約があり，来料加工の PE の認定については，内
地企業（中国企業のこと）が香港企業から来料加工業務を請け負い，香港企業
が内地で生産，監督，管理，若しくは販売に参画する場合，PE に該当するも
のとみなされた。

　香港企業の PE が中国本土にあるとみなされると，来料加工から発生する所得について，中国で企業所得税（税率25％）を収める必要がある。ただし，来料加工のすべてが課税されるわけではなく，香港企業が中国本土で加工を行う目的のためのみに，香港企業に所有権が帰属する商品を中国に保有する場合は，PE には該当しない。

　平成29年改正で，本店所在地国で実際の製造行為をしなくとも在地国基準が認められることになったが，その要件は以下のようになる。

　具体的には，外国関係会社が本店所在地国において行う次に掲げる業務の状況を勘案して，外国関係会社がその本店所在地国においてこれらの業務を通じて製品の製造に主体的に関与していると認められる場合にも所在地国基準を満たすこととされている。

　① 　工場その他の製品の製造に係る施設又は製品の製造に係る設備の確保，整備及び管理

　② 　製品の製造に必要な原料又は材料の調達及び管理

　③ 　製品の製造管理及び品質管理の実施又はこれらの業務に対する監督

　④ 　製品の製造に必要な人員の確保，組織化，配置及び労務管理又はこれらの業務に対する監督

　⑤ 　製品の製造に係る財務管理（損益管理，原価管理，資産管理，資金管理その他の管理を含む。）

　⑥ 　事業計画，製品の生産計画，製品の生産設備の投資計画その他製品の製造を行うために必要な計画の策定

　⑦ 　その他製品の製造における重要な業務

「本店所在地国において製造における重要な業務を通じて製造に主体的に関与している場合」には，自社工場が本店所在地国以外の国又は地域に所在する場合のほか，本店所在地国以外の国又は地域に製造委託先の工場が所在する場合も含まれる。したがって，これらの業務は自社製造の場合及び製造委託の場合のいずれの場合にも当てはめられることが想定されている。また，これらの業務のすべてを行っていなければ，主体的に関与していると認められないというものではなく，外国関係会社の規模，製品の種類等によって勘案すべき業務の内容は異なるものと考えられる。

⑼　ポイント

> 　香港統括会社は，中国本土にある関係会社を統括する役割を担って香港に設立される例がある。その背景には，複数の関係会社が中国本土に展開している場合，中国では，統括会社を設立することが難しいからである。この香港統括会社の税務上の問題点は，外国子会社合算税制の適用を受けないことであったが，最低税率制度が導入されると，その点も注意が必要になる。

12　マカオ

正式国名等	マカオ（Macau）
地理的位置	中国の特別行政区の１つ。中国大陸南岸の珠江河口（珠江デルタ）に位置する旧ポルトガル海外領土で，現在はカジノとモータースポーツや世界遺産を中心とした世界的観光地としても知られる。
面積・人口	29.9 km^2・約68万人（2020年）
独立等	1987年４月，中ポ両国は「中葡共同声明」に仮署名（1988年１月批准）し，マカオは中国の領土であり，ポルトガルは1999年12月19日までマカオの行政管理責任を有し，中国は翌20日にマカオに対し主権を回復する旨宣言。
税制	法人税率は12%，所得税率は０～12%の累進税率（給与所得及び自営所得），そして10%（不動産所得）である。
租税条約等	租税情報交換協定
AEOI	参加
オフショア銀行	0
備考	全所得軽課税国等，FHTP：オスショア施設（廃止）

（解説）事業所得税10%，資産所得税（建物12%。土地５％）
（要覧1990）事業所得税（法人・個人）２～15%，給与税10～15%，資産所得税10%

13　マーシャル諸島

正式国名等	マーシャル諸島共和国（Republic of the Marshall Islands）
地理的位置	太平洋上に浮かぶ島国。ミニ国家の1つであり，真珠の首飾りとも呼ばれるマーシャル諸島全域を領土とする。
面積・人口	181 km^2・約6万人（2020年）
独立等	1986年
税制	マーシャル諸島は，外国人の設立したオフショア会社はすべての税金が免除である。また，便宜置籍船を誘致しているタックスヘイブンである（船籍登録数世界第3位）。総収入税率は3％，所得税，法人税なし。
租税条約等	執行共助条約
AEOI	参加
オフショア銀行	0
備考	オフショア所得軽課税国等

14　ラブアン島

正式国名等	ラブアン島（Labuan）
地理的位置	サバ州の西南，ボルネオ島の沖合いにあるラブアン島は独立州で政府が直轄する島
面積・人口	85 km^2・9万人
独立等	マレーシアの領土
税制	「事業取引会社」の法人税率は3％，一律2万リンギットの選択課税は2019年で廃止，ラブアンの就労ビザを取得し，マレーシアに移住した場合，年間の半分（182日の滞在で税務居住者とみなされる）をマレーシアで過ごすと所得税が4,000 RM≒12万円程となる。182日未満の滞在の場合，所得税率は一律28％。ビットコインでの所得に関しても非課税。
租税条約等	マレーシアと日本の租税条約。ラブアン島への租税条約の適用はない。
AEOI	マレーシアとして参加

オフショア銀行	0
備考	1963年，サバ州内の一地域として，マレーシアへ加わる。 1984年，連邦直轄領となり，サバ州から離脱する。 1990年，1990年マレーシア連邦政府によりオフショア会社法が制定され，自由港として認定される。ラブアン・オフショア事業活動課税特例法制定。

⑴　マレーシアの税制における法人の居住形態と課税所得の範囲

居住法人或いは非居住法人の区分基準は，管理支配地主義である。

課税所得の範囲では，居住法人は，銀行業，保険業及び国際運輸業等の特定事業に従事する法人を除き，原則としてマレーシア国内源泉所得に対してのみ課税対象とされる。非居住法人の課税所得の範囲は，マレーシア国内源泉所得についてのみ課税対象とされる。したがって，マレーシア国外源泉所得については，送金の有無に関わりなく課税されない。

2008賦課年度以降，配当に係る課税は従来のインピュテーション制度に代え，配当を受領する株主の段階で免税とされることとなった。非居住者に対する配当も源泉徴収はされない。

⑵　法人税率

法人税率は，2016賦課年度以降24％である。

⑶　ラブアンの税制の概要

ラブアンにおいて，ラブアン・オフショア事業活動課税特例法の規定により，3％の税率による納税額に代えての20,000リンギットの固定年税額による選択をすることができたが，2019賦課年度以降，当該固定年税額による納税選択制度は廃止された。

⑷　ラブアン税制の改正

ラブアンの税制が2019年より改正されて，実体基準（substance requirements）が導入された。例えば，持株会社の基準は，フルタイムの社員2名を雇用し，年間運営費が5万リンギット以上であり，リース会社の場合は，フルタイムの社員2名と年間運営費が10万リンギット以上である。この基準を満たさない場合は，マレーシアの法人税率24％が適用となる。

⑷　マレーシアの租税条約の注目点

マレーシアは81か国と租税条約を締結している。マレーシアは自国以外のア

セアン参加国のすべてである，インドネシア，カンボジア，シンガポール，タイ，フィリピン，ブルネイ，ベトナム，マレーシア，ミャンマー，ラオスと租税条約を締結している。

　マレーシアの租税条約で気が付く点は，日本以上に多くの国と租税条約を締結しながら，米国との租税条約がないことである。隣国のシンガポールも米国との租税条約がない。

　(5)　マレーシア租税条約におけるラブアンの取扱い

　日本・マレーシア租税条約（以下「日馬条約」という。）は，原条約が1999年2月の署名であることから，ラブアンがタックスヘイブンになって以降の締結である。日馬条約議定書5（a）及び（b）には以下の規定がある。

　5（a）では，この条約における租税の軽減又は減免は，個人を除く一方の締約国の居住者が，居住地国の固定的施設を通じて実質的な活動をしていないときには，その者に対して適用しない，と規定されている。

　5（b）では，1990年に施行されているラブアン・オフショア事業活動課税特例法第2条（1）の規定若しくは今後行われる改正で，オフショア事業活動を行う者又はマレーシアの法令により同様の取扱いを享受する者で両締約国の政府が合意する者に対しては適用しないことが規定されている（以下「ラブアン条項」という。）。

　上記の日馬条約議定書と同様のラブアン条項の規定があるマレーシアの租税条約は，オーストラリア，チリ，ドイツ，インドネシア，インド，日本，ルクセンブルク，オランダ，セーシェル，南アフリカ，韓国，スペイン，スウェーデン，英国，である。

　(6)　FHTP の勧告

　FHTP は，マレーシアの優遇措置の多くを有害はないが改訂が必要という勧告を行っている。廃止勧告をしているのは財務管理センターである。

❷　タックスヘイブンに該当しない国等（アジア大洋州）

15　キリバス

正式国名等	キリバス共和国（Republic of Kiribati）

地理的位置	ミクロネシア地域
面積・人口	730 km²（対馬と同じ）・11.9万人（2020年）
独立等	1979年
税制	法人税20%〜30%，非居住法人30%，個人所得税最高税率30%
租税条約等	なし
AEOI	不参加
オフショア銀行	0

16　ブルネイ

正式国名等	ブルネイ・ダルサラーム国（Brunei Darussalam）
地理的位置	ボルネオ島の北部
面積・人口	5,765 km²（三重県とほぼ同じ）・45万9,500人（2019年）
独立等	1984年英国から独立
税制	法人税率18.5%
租税条約等	租税条約
AEOI	参加

　ブルネイでは，パイオニア産業，ハイテク産業等の技術導入を狙ったパイオニア・サービス企業，パイオニア・サービス企業の優遇延長となるポスト・パイオニア企業，既存の事業の拡張を行う企業に対する優遇措置，輸出向け生産及びサービスを行う企業に対する優遇措置等がある。日本から同国への直接投資の額は現在のところそれほど多くはないが，パイオニア産業の要件を満たす企業であれば，11年程度の免税期間の特典を得ることが可能である。

17　マリアナ諸島

正式国名等	グアム，サイパン島他
地理的位置	グアム島を除く島々を北マリアナ諸島，サイパン島より北の島々を北部諸島（Northern Mariana Islands）と呼ぶ。全域が米国属領であるが，グアム島と北マリアナ諸島は別の行政区画である。

　グアムは，米国の税法である内国歳入法典では，米国属領（possession）ということになっている。内国歳入法典の条項（例えば，第931条，937条等）では，グアムの他に，プエルトリコ，米領サモア，米領バージン諸島，北マリアナ諸島が属領となっている。北マリアナ諸島は，サイパン島を中心とした地域である。また，これらの地域に居住する人については，グアムに居住する人は，米国市民権が与えられているが，例えば，米国大統領或いは議会議員の選挙権を持たない等，その権利は制限的である。日本は，米国の「外国口座税務コンプライアンス法」についてモデル２を選択したことから，米国の金融機関にある日本人の口座情報が，日米租税条約に基づく情報交換の適用ということになり，モデル１の相互協定と異なる。この場合，日米租税条約の適用外である米国の海外領土である米領サモア，北マリアナ諸島（サイパン），グアム，プエルトリコ，米領バージン諸島に所在する金融機関にある日本人口座は対象外となる。

18　ミクロネシア

正式国名等	ミクロネシア連邦（Federated States of Micronesia）
地理的位置	ミクロネシア地域
面積・人口	700 km^2（奄美大島と同じ）・115,021人（2020年）
独立等	1986年
税制	2004年創設の法人税法で税率25.5%，その後改正されて21%，総収入税３%，給与税６%
租税条約等	なし
AEOI	不参加
オフショア銀行	なし
備考	キャプティブは多い。

（要覧：1988年当時）所得税・法人税なし，総収入税３%

19　ツバル

正式国名等	ツバル（Tuvalu）

地理的位置	ポリネシア地域
面積・人口	25.9 km² ・11,792人（2020年）
独立等	1978年英国から独立
税制	法人税率30％，個人所得税1,900 US＄超に30％，売上税
租税条約等	なし
AEOI	不参加
オフショア銀行	0
備考	地球温暖化による水面上昇で水没の危機にあり，日本が援助している。

（要覧：1988年当時）法人税，所得税30〜40％

20　トンガ

正式国名等	トンガ王国（Kingdom of Tonga）
地理的位置	ポリネシア地域
面積・人口	720 km²（対馬と同じ）・10.5万人（2020年）
独立等	1970年英国より独立
税制	2017年の改正：個人所得税最高税率25％，居住法人・非居住法人の法人税率25％
AEOI	不参加
オフショア銀行	0

（要覧）免税企業：新設製造業，保険業

21　パプアニューギニア

正式国名等	パプアニューギニア独立国（Independent State of Papua New Guinea）
地理的位置	メラネシア地域
面積・人口	46万 km²（日本の1.25倍）・8,947,027人（2020年）
独立等	1975年

税制	法人税率30%，個人所得税最高税率42%
租税条約等	なし
AEOI	不参加
オフショア銀行	0

（要覧）輸出企業：最初の4年間免税

22　ソロモン諸島

正式国名等	ソロモン諸島（Solomon Islands）
地理的位置	メラネシア地域
面積・人口	2万8,900 km²（岩手県の約2倍）・686,872人（2020年）
独立等	1978年
税制	居住法人税率30%，非居住法人35%，キャピタルゲイン課税なし 個人所得税最高税率40%
AEOI	不参加
オフショア銀行	0
備考	指定制度で国外源泉所得軽課税国等に指定されている（IBCではなく属地主義）。

23　フィジー

正式国名等	フィジー共和国（Republic of Fiji）
地理的位置	メラネシア地域
面積・人口	1万8,270 km²（四国とほぼ同じ）・896,444人（2020年）
独立等	1970年英国より独立
税制	法人税率20%
租税条約等	外務省告示第216号による修正（以下の備考参照） ①　フィジーの対象税目は普通税及び附加税，基本税及び配当税である。 ②　フィジーについては，第6条（親子間配当10%，一般配当15%）及び第7条（利子10%）の規定は適用されない。配当，

	利子に係る限度税率の適用はなく，使用料（第8条）の限度税率10%のみが適用される。BEPS条約適用対象国
AEOI	不参加
オフショア銀行	0
備考	フィジーとの租税条約が存続している理由は，日英租税原条約第22条に日英租税条約の適用拡大に関する規定があり，交換公文により次の地域にこの日英租税原条約が基本的に適用されることになった（「連合王国が国際関係について責任を負っている若干の地域に対する租税条約の適用に関する書簡の交換の告示」昭和45. 10. 30，外務省告示第216号）。

（要覧）法人税と所得税は，基本税率（2.5%）＋通常税率（1974年法）

③　太平洋島嶼国の重要性

1　太平洋とカリブ海のタックスヘイブンの相違点

　太平洋とカリブ海は，島々が点在している点と，多くのタックスヘイブンがある点では共通であるが，カリブ海のタックスヘイブンは，英国等の海外領土が多いのに対して，太平洋は，そのほとんどが独立国である点で異なっている。

2　人　口

　以上15の国等を人口の多い順から並べると以下のとおりである。国等の後のカッコ内が人口である。

　①パプアニューギニア（894万人），②フィジー（89万人），③ソロモン諸島（68万人），④バヌアツ（30万人），⑤ニューカレドニア（28万人），⑥サモア（20万人），⑦キリバス（11.9万人），⑧ミクロネシア（11万人），⑨トンガ（10.5万人），⑩マーシャル諸島（6万人），⑪パラオ（1.8万人），⑫クック諸島（1.7万人），⑬ツバル（1.1万人），⑭ナウル（1万人），⑮ニウエ（1,500人）

3　日本と租税条約のある国

　租税条約等の種類ごとの締結国等は，以下のとおりである（下線部分はタックスヘイブンを示す。）。

① 二国間所得税租税条約があるのはフィジーである。フィジーとの租税条約は，日英原租税条約の適用拡大が現在まで継続しているもので，また，同国は，BEPS条約の適用対象国となっている。

② 情報交換協定が締結されているのは，サモアである。

③ 執行共助条約が締結されているのは，マーシャル諸島，クック諸島，ニウエ，バヌアツ，ニューカレドニア，である。

④ 金融口座情報自動的交換報告制度（AEOI）参加国は，マーシャル諸島，サモア，クック諸島，ニウエ，バヌアツ

以上の②，③，④はいずれもタックスヘイブン国等である。

4　オフショア銀行

オフショア銀行に関しては，Basic Facts on OFCs Considered by the Financial Stability Forum IMF2000年資料に基づくと，上記14の国等のうち，オフショア銀行が7行あるのはバヌアツだけである。また，「解説」及び「要覧」の記述では，バヌアツは，所得に対する課税がなく，英国が企業の財務内容を公表しなくてもよい法律を適用しているためエクソン，ゼネラルモーターズが金融会社を設立している（解説より引用）。オフショア免税会社は会社法に基づく秘密保護の保障がある（要覧より引用）。

5　通常の税率の国

通常の税率の国は，以下のとおりである。国名の後のカッコ内は法人税率である。

ミクロネシア地域では，①ミクロネシア（法人税率21%），②キリバス（法人税率20〜30%）である。

ポリネシア地域では，③ツバル（法人税率30%），④トンガ（法人税率25%）である。

メラネシア地域では，⑤パプアニューギニア（法人税率30%），⑥フィジー（法人税率20%），⑦ソロモン諸島（法人税率30%）である。

この地域では，通常の税制の国が7か国，タックスヘイブンの国等が7となっている。

6　島嶼国の排他的経済水域は中国陸地面積の2倍

　島嶼国地域全体の排他的経済水域は，中国の陸地面積の約2倍の広さである。日本のマグロ・カツオの消費量の約8割はこの水域でとれている。また，オーストラリアからの液化天然ガス等の海上輸送路にあたる等，日本にとって非常に重要な地域となっている。

7　日本の働きかけ

　太平洋諸島フォーラム（PIF）加盟国日本は，ツバルだけでなく，太平洋の島国・地域の発展に共に取り組むため，1997年，PIF加盟国・地域の全首脳を招待して第1回太平洋・島サミットを開催した。

PIF 加盟諸国・地域の統計

国名（地域）	面積 km²	人口 千人 (2006年)	GNI/人 米ドル (2005年) ※は GDP/人	
パプアニューギニア独立国	462,000	6,187		660
ソロモン諸島	28,900	487		590
フィジー諸島共和国	18,270	831		3,280
バヌアツ共和国	12,190	221		1,600
サモア独立国	2,840	185		2,090
キリバス共和国	730	92		1,390
トンガ王国	750	99		2,190
ミクロネシア連邦	700	110		2,300
パラオ共和国	488	20		7,630
★ニウエ	259	2	注1	5,851
★クック諸島	237	14	注2	9,071
マーシャル諸島共和国	180	56		2,930
ツバル	26	10	注3	1,348
ナウル共和国	21	10	注4	2,750
オーストラリア連邦	7,692,024	20,630		32,220

| ニュージーランド | 270,534 | 4,150 | | 25,960 |
| 日本 | 377,900 | 127,956 | （2005年） | 38,980 |

※★は国ではなく地域
注1：2003年1 NZ ドル＝0.5823米ドルで換算
注2：2005年1 NZ ドル＝0.7044米ドルで換算
注3：2002年1 AU ドル＝0.5489米ドルで換算
（参考：『IMF International Financial Statistics Yearbook 2008』）
注4：米ドル推定。未払い給与を差し引くと推定1,400米ドル
出典：『太平洋共同体事務局』，『2005年世銀 "World Development Indicators"』他

IV

北米・カリブ海・南米のタックスヘイブン

❶　独立，海外領土等の区分

25か国等を独立，海外領土等で区分すると以下のとおりである。

① 旧英国領で現在独立11（ジャマイカ，トリニダード・トバゴ，ベリーズ，バハマ，バルバドス，セントルシア，グレナダ，セントビンセント・グレナディーン，アンティグア・バーブーダ，ドミニカ国，セントクリストファーネイビス）

② 英国の海外領土6（タークスケイコス諸島，ケイマン諸島，バミューダ，英領バージン諸島，アンギラ，モントセラト）

③ オランダの海外領土3（キュラソー，アルバ，セントマーティン）

④ 米国の属領1（プエルトリコ）

⑤ 独立国（旧宗主国）4：パラグアイ（スペイン），ウルグアイ（スペイン），コスタリカ（中米連合），パナマ（コロンビア）

❷　人口，国土面積の区分

　人口10万人を基準とすると，それを超える国等は14，10万人以下の国等は11で，最も人口が少ないのはモントセラトで約5,000人である。

　上記の25のうち，最も国土面積が広いのは，パラグアイで日本の約1.1倍である。第7位のジャマイカが秋田県とほぼ同じ，第15位のバルバドスが種子島とほぼ同じ，第18位のセントクリストファーネイビスは沖縄の西表島より少し小さく，以下，ケイマン諸島，バミューダ，アルバ，英領バージン諸島，モントセラト，アンギラ，セントマーティンの順である。

❸　タックスヘイブン

1　アルバ

正式国名等	アルバ（Aruba）
地理的位置	南米ベネズエラの北西沖に浮かぶオランダ領の島。高度な自治が認められた自治地域（州に相当）。

面積・人口	178.91 km^2・約10万人
独立等	1986年にオランダ領アンチルから分離し，単独の自治領となった。
税制	法人税率は25％であるが，非居住法人は国内源泉所得のみ課税。個人の最高税率は52％
租税条約等	執行共助条約（オランダの適用拡大）
AEOI	参加
オフショア銀行	6
備考	国外源泉所得軽課税国等，FHTP：経済特区（廃止）

2　アンギラ

正式国名等	アンギラ（Anguilla）
地理的位置	カリブ海の小アンチル諸島はリーワード諸島にある。
面積・人口	91 km^2・1万8,000人
独立等	英領の島
税制	アンギラ法人とは IBC（国際商業会社）を指し，アンギラ政府より50年間の非課税保証がある。法人税率 0
租税条約等	執行共助条約
AEOI	参加
オフショア銀行	6
備考	全所得軽課税国等　FHTP2019年1月1日経済的実体要件導入

3　アンティグア・バーブーダ

正式国名等	アンティグア・バーブーダ（Antigua and Barbuda）
地理的位置	小アンチル諸島のリーワード諸島に位置
面積・人口	440 km^2（種子島とほぼ同じ）・9.7万人（2020年）
独立等	1981年英国より独立

税制	法人所得税は，居住会社及び非居住会社が所有する支店に対して25％の税率で課税。非居住者への源泉徴収税率25％。IBC は免税。オフショア銀行は総収入の３％課税。個人所得税なし
租税条約等	執行共助条約
AEOI	参加
オフショア銀行	55
備考	特定事業所得軽課税国等　FHTP：オフショア銀行，IBC（廃止）

4　ウルグアイ

正式国名等	ウルグアイ東方共和国（Oriental Republic of Uruguay）
地理的位置	南アメリカ南東部に位置する共和制国家である。
面積・人口	17.6万 km²（日本の約半分）・349万人（2021年）
独立等	1825年スペインから独立
税制	国内の活動から生じた所得のみ（属地主義）法人税率25％，各種投資に対する優遇措置あり。
租税条約等	租税条約署名（2019年７月），執行共助条約
AEOI	参加
オフショア銀行	0
備考	国外源泉所得軽課税国等　FHTP：金融機関再編（廃止）

5　英領バージン諸島

正式国名等	英領バージン諸島（British Virgin Islands：略称 BVI）
地理的位置	カリブ海の西インド諸島にある英国の海外領土（自治領）である。バージン諸島の東側半分。西側は，米領バージン諸島。
面積・人口	153 km²・約３万人
税制	法人税所得税の課税なし
租税条約等	租税情報交換協定

AEOI	参加
オフショア銀行	13
備考	全所得軽課税国等　FHTP2019年1月1日経済的実体要件導入

(1) 中国からの国外直接投資（2017年）

中国本土企業は，香港の会計事務所等の仲介により，BVIに簡単に法人を設立することができる。

中国からの対外直接投資（2016年）の比率では，①香港58.2%，②米国8.7%，③BVI6.3%，④シンガポール1.6%，⑤ケイマン諸島6.9%である。この数字からもBVIとケイマン諸島がいかに利用されているかということが分かる。

(2) BVI事業会社法

BVIはかつてオフショア金融センターとしての価値を高めるために，国際事業会社法（International Business Companies Act）を創設していた。その後2004年にBVI事業会社法（The BVI Business Companies Act（No.16 of 2004））が創設された。この法律は，オフショア会社及び国内会社の双方を対象とする会社法であり，国際事業会社法は廃止された。さらに，2012年にはBVI事業会社法（2004年法）が改正された。

(3) 英領バージン諸島が税金に関して報道された事件

日本では，ライブドア事件において英領バージン諸島の組合が利用されたことが報道された。また，外国では，タイのタクシン前政権関係者の不正蓄財を調査する資産調査委員会は，前首相一族の株の売却益に関して前首相の長男と長女が，2006年1月に同国最大の通信グループ，シン・コーポレーション株をシンガポールの投資会社に売却した際，前首相が英領バージン諸島に設立した投資会社を経由する等の手段で税を免れたとして，追徴課税も含めて総額274億バーツ（約900億円）の支払いを命じる決定を行っている（毎日新聞 2007年4月24日）。

(4) 旧日英租税条約の適用廃止

カリブ海にあるバージン諸島は，米領と英領に分かれている。全所得に課税のないタックスヘイブンとして有名なのは英領バージン諸島（BVI）である。BVIの利用者は中国系の企業或いは個人が多いことに特徴がある。BVIは英領ということから，英国の海外領土であるが，自治権が与えられていることから，

タックスヘイブンとなっている。

　日本とは，租税情報交換協定が平成26年6月に署名され，同年10月に発効している。また，OECDにより進められた金融口座情報自動的交換報告制度（AEOI）は，脱税及び租税回避の防止を目的として，非居住者の金融口座情報をその者の居住地国の税務当局に通知する制度であるが，BVIはこれに参加している。したがって，日本居住者である個人は，BVIに預金等を所有していると国税庁にその通知が来ることになっている。

　昭和37年に署名した日英原租税条約第22条には同条約の適用拡大に関する規定があり，交換公文により次の地域にこの日英租税条約が基本的に適用されることになった。適用拡大した地域は，①英領バージン諸島，②フィジー，③モントセラト，④セーシェル（前項2で記述したセーシェル共和国）である。

　昭和44年改正の第2次日英租税条約が発効後も，日英原租税条約の適用地域拡大の規定は有効であったが，昭和57年にセーシェルの適用終了，平成12年に日英原租税条約の適用拡大地域とされていた英領バージン諸島及びモントセラトに対する同条約の適用を終了する旨の通告が日本からなされたことにより，平成13年1月1日以後に開始する各課税年度の所得及び各賦課年度の租税について日英原租税条約はその効力を失うことになり，フィジーだけが日英原租税条約の適用の継続となっている。結果として，英領バージン諸島への日英租税条約の適用はない。

(5)　ポイント

　ケイマン諸島，BVIは，オフショアファンド等で利用される他に，香港法人を設立する場合，日本➡ケイマン諸島・BVI➡香港法人という投資ルートがある。その目的は，香港における法規制を回避するためのものである。

6　キュラソー

正式国名等	キュラソー（Curaçao）
地理的位置	南アメリカに隣接するリーワード・アンチル諸島に所在
面積・人口	444 km^2・14万2,180人（2010年）
独立等	2010年10月10日，オランダ領アンチルは解体され，キュラソーは単独のオランダ王国構成国となった。

税制	経済特区法人は2％の税率が適用となる。
租税条約等	執行共助条約
AEOI	参加
オフショア銀行	56（Netherland Antilles）
備考	2010年10月10日，オランダ領アンチルは解体され，アルバ（1986年分離），キュラソー，セントマーティンは，オランダ王国内の自治国（自治領）となり，かつてオランダ領アンチルを構成していたボネール島，シント・ユースタティウス島，サバ島のBES3島は，オランダ本土の海外特別市となった。 FHTP：輸出施設（廃止）

(1)　蘭領アンチルの解体

　蘭領アンチル（以下「アンチル」という。）は，リーワード・アンチル諸島に所在し，人口30万で，キュラソー，ボネール，セントマーティン，シント・ユースタティウス，サバ，アルバの6つの島々から構成されていた。第二次世界大戦では，戦火にあったオランダ本国を逃れて，王室，市民等がこの島に財産等を避難したのである。

　アルバが1986年に単独の自治領として離脱した後，残りの5島からも同様の要求があり，2010年10月にキュラソーとセントマーティンは単独の自治領となり，残りの3島は特別自治地域としてオランダ本国に編入された。

(2)　アンチルが重宝された理由

　カリブ海は多くのタックスヘイブンがある地域である。その中でアンチルが重宝された理由は，税制だけではなく，米国等と租税条約が締結されていたことである。租税条約が適用できるタックスヘイブンのというのがアンチル利用の理由であった。

　米蘭原条約は1948年に署名され発効した。1952年から1955年にかけて両国間において，原条約のアンチルへの適用拡大に関して書面の交換が行われ，1955年6月15日に適用拡大の議定書に署名され，同年1月1日から適用となり，これが後日，米国・アンチル租税条約として米蘭租税条約から独立した。この米国・アンチル租税条約が米国における租税回避として利用されたことから，この条約は，1987年に利子条項を除いて終了し，1995年の議定書により1996年12月30日をもって終了している。

　米国が，タックスヘイブンであるアンチルに対して，米蘭租税条約の適用拡大を認めた理由として推測できることは，米国が1945年に締結した米英租税条約に適用拡大の規定があり，バルバドス，キプロス，ジャマイカ，トリニダード・トバゴへ適用されていた。この米英租税条約が先例としたあったことが1つと，米国の源泉徴収を回避して有利な条件で債券発行ができるアンチルに注目した業界等があり，その圧力ではないかと思われる。

　米国法人がユーロ債を米国において発行すると，その利子に対する源泉徴収30％が適用となった。米国・アンチル租税条約第8条（利子条項）の適用では，利子所得は免税であることから，アンチル法人がユーロ債を発行し，取得した資金を米国法人に貸し付けて利鞘を稼いだ上に，利子所得の条約免税を利用して，アンチルに利益を留保することができたことから，当時は，この租税回避を称して「アンチルの窓」といわれていた。米国は，1984年に上記の源泉徴収を廃止した上に，アンチル法人による債券発行を制限したことで「アンチルの窓」は閉じられたのである。

（3）　アンチルの税制

　昭和53（1978）年に日本において創設されたタックスヘイブン対策税制においてアンチルは，「特定事業所得軽課税国等」として指定され，そこでは，インベスト・カンパニーとパテントホールディング・カンパニーが対象となっており，アンチルにおけるこれらの企業形態に対する法人税の最高税率は3％であった。

　また，米国・アンチル租税条約第10条に不動産賃貸所得について，ネット課税を選択することができる旨の規定があった。この規定と，米国国内法にある非居住者の譲渡収益に関する規定（米国の実質関連所得以外は課税なし）の適用が，アンチル所在の米国不動産保有法人に可能であった。その結果，米国において事業を行わない非居住者の譲渡収益は米国で課税がなく，また，米国不動産保有法人の株式の譲渡についても課税はなかったのである。

　上記のような事態を受けて，1980年に米国において外国人不動産投資税法（Foreign Investment in Real Property Tax Act：以下「FIRPTA」という。）が制定され，内国歳入法典第897条が新設された。その結果，米国不動産に対して直接，間接に有する権利の譲渡収益は，米国実質関連所得として課税されることになり，その後，1984年に制定された赤字削減法（Deficit Reduction

Act）により譲渡収益に源泉徴収することを規定した内国歳入法典第1445条が創設された。

　この米国不動産保有法人の株式譲渡について，当時の第2次日米租税条約（発効：1972（昭和47）年7月9日）では，株式の譲渡は資本資産として源泉地国免税であった。その結果，米国居住者が日本の不動産を保有する日本或いは米国法人の株式を譲渡しても日本では条約免税となる一方，日本居住者が米国不動産保有法人株式を譲渡すると，FIRPTA税制の適用を受けて，米国において課税となった。このような不公平が課税となった原因は，米国の法制上，条約と国内法が同位であり，後法であるFIRPTAが日米条約よりも優先適用になったからである。このような租税条約適用上の不公平を払しょくするために，2004（平成16）年3月30日に発効した第3次日米条約第13条（譲渡収益）では，不動産化体株式の規定が創設されて第2次条約当時の日米間の不公平な課税の状況が解消され，平成17年度税制改正において，国内法にも不動産化体株式の規定が創設されている。

⑷　キュラソー島租税条約の適用拡大

　キュラソー島の法人税の基本税率は22％と低くはないが，2018年1月以降，居住法人の全世界所得課税を基本的に改正して，保険，信託，弁護士等の役務提供所得，無形資産からの所得等を除いて，国外源泉所得を免税することにしている。また，持株会社の資本参加免税制度等の優遇措置があり，軽課税国等としての性格がある。個人所得についても，所得税の最高税率は46.5％であるが，外国人富裕層に該当する個人については，国外源泉所得について10％の比例税率が適用となる。オランダ・マルタ租税条約とオランダ・ノルウェー租税条約（1990年1月12日署名，2013年4月13日署名改訂議定書）がアンチルの締結した条約等を引き継いだキュラソー島に適用となっている。なお，オランダは，BEPS防止措置実施条約をキュラソー島まで適用拡大することを通告している。

7　グレナダ

正式国名等	グレナダ（Grenada）
地理的位置	カリブ海の小アンチル諸島南部もウィンワード諸島に位置する立憲君主制国家。
面積・人口	340 km^2（五島列島の福江島とほぼ同じ）・11.3万人（2021年）
独立等	1974年英国より独立
税制	居住法人等は国内源泉所得のみ法人税率30％で課税，IBC のオフショア所得免税
租税条約等	執行共助条約
AEOI	参加
オフショア銀行	0
備考	特定事業所得軽課税国等

8　ケイマン諸島

正式国名等	ケイマン諸島（Cayman Islands）
地理的位置	大アンチル諸島のキューバに隣接
面積・人口	259 km^2・約5万人
独立等	英国の海外領土
税制	所得税，法人税なし
租税条約等	租税情報交換協定
AEOI	参加
オフショア銀行	575
備考	全所得軽課税国等　FHTP2019年1月1日経済的実体要件導入

(1)　ケイマン諸島の基礎データ

ケイマン諸島の概要は以下のとおりである。

①　ケイマン諸島の登録している会社数8万社超，登録済投資ファンド9,000以上，760の自社専用保険会社（キャプティブ），ケイマン諸島における設立費用（設立業務を行う者に対する手数料を除き）600ドル。

② 米国財務省資料：米国投資家は2006年末で，約3760億ドル（37兆6,000億円）のケイマン法人の株式を保有。2007年9月現在，米国銀行のケイマンからの借入金1兆5,000億ドル（約150兆円）で外国では最高。2007年6月現在，米国銀行のケイマン諸島への貸付金9,400億ドル（94兆円）で英国について2位。

③ ケイマン諸島が金融活動に利用される理由：法的システムが安定し，国際基準に達していること。

④ 米国の免税事業体は非関連事業所得税（UBIT）を回避するためにケイマン諸島のヘッジファンドに投資する。この場合，米国のパートナーシップとして組織された投資体の所得の場合は，UBIT が課税される。

（注）Unrelated Business Income Tax（UBIT）in the U.S. Internal Revenue Code is the tax on unrelated business income, which comes from an activity engaged in by a tax-exempt 26 USCA 501 organization that is not related to the tax-exempt purpose of that organization.（日本の公益法人の収益事業に対する課税と類似）

⑤ ケイマン諸島の米国系子会社は，課税繰延べのために利用される。2004年の税制改正において，一定の期間の外国子会社からの配当を非課税にしたときに，2004年から2006年の間に3,620億ドル（36兆2,000億円）の利益還流があり，そのうち，5.5%がケイマン諸島からであった。

⑥ 2001年11月：米国は英国と英領であるケイマン諸島に関する TIEA（租税情報交換協定）に署名した。2006年に発効した。脱税に関しては，2004年から，他の事項は2006年から有効である。

⑦ ケイマン諸島は，登録している企業数が約8万社。対中国投資の多いので有名な英領バージン諸島の登録企業数は約62万社で香港における企業数約54万社を上回っている。中米のパナマの登録企業数は，約37万社である。

⑧ 2021年ケイマン諸島の対外直接投資の純流入額（国際収支統計：世界銀行統計）
ケイマン諸島の最新の対外直接投資の純流入額は，9億8,491万ドルである。

⑨ 香港の上場法人の7割強がケイマン諸島，バミューダ，BVI 等のオフショア法人である。

⑩ 慈善信託のように，信託された資産を最終的には慈善目的に使用するという名目の下で，実質は受益者不在となる目的信託が合法化され，委託者

　の裁量が発揮できる形態が認められていることである。

⑪　ケイマン諸島会社法（Companies Law of the Cayman Islands）は2018
　年改正法が最新版である。

⑫　ケイマン諸島は，2019年4月に発表した経済実体法（総論Ⅱ9参照）の
　ガイダンスを2020年7月に改正している。

(2)　ケイマン諸島への日本の対外直接投資（2020年：6,164（単位：100万ド
　ル））

　ケイマン諸島への日本からの証券投資が増え続けている。日本銀行が公表し
た国際収支統計によると，2015年末時点の残高は前年比約2割増の74兆4,000
千億円で，2005年末時点から10年間で2倍超になった。データが残る1996年以
降で最高だった。

9　コスタリカ

正式国名等	コスタリカ共和国（Republic of Costa Rica）
地理的位置	中央アメリカ南部に位置する共和制国家
面積・人口	5万1,100 km^2（九州と四国を合わせた面積）・509万人（2020年）
独立等	1848年中米諸州連合より分離独立
税制	法人税は30%の税率。IBC（名称 Sociedad Anonima：SA）課税なし。各種優遇措置あり
租税条約等	執行共助条約
AEOI	参加
オフショア銀行	28
備考	国外源泉所得軽課税国等　FHTP：経済特区（有害判定で改訂中）

10　ジャマイカ

正式国名等	ジャマイカ（Jamaica）
地理的位置	カリブ海の大アンチル諸島に位置する立憲君主制国家

面積・人口	1万990 km^2（秋田県とほぼ同じ大きさ）（世銀）・296.1万人（2020年）
独立等	1962年英国より独立
税制	法人税率25%，30%，33.33%，源泉徴収（配当15%，33.33%，利子，使用料33.33%），経済特区（SEZ）への投資企業の法人税率半減，輸入品のVAT免税等の優遇措置
租税条約等	租税条約
AEOI	参加（開始年度未確定）
オフショア銀行	0
備考	特定事業所得軽課税等　FHTP：特別経済地域（改訂中）

（要覧）国際金融会社（資本の95%以上が非居住者所有，清算時資産等の5%以下が居住者に受領）への法人税率2.5%

11 セントクリストファーネイビス（セントキットネイビスという名称も併用）

正式国名等	セントクリストファーネイビス（Saint Christopher and Nevis）
地理的位置	小アンチル諸島にあるセントクリストファー島（セントキッツ島）とネイビス島の2つの島からなる独立国。英連邦加盟国
面積・人口	260 km^2（西表島とほぼ同じ）（2018年　世銀）・5.3万人（2020年）
独立等	1983年英国より独立，1958年西インド諸島連邦に加盟，1967年英国自治領
税制	居住法人及び非居住支店への税率は33%。10%の支店送金税の適用。オフショア法人（IBC）等の免税。個人所得税，相続税なし
租税条約等	執行共助条約
AEOI	参加
オフショア銀行	0
備考	特定事業所得軽課税国等，1947年12月英国と租税条約署名　FHTP：会社法（廃止），ネイビス事業会社（廃止），ネイビスLLC（廃止）

12　セントビンセント・グレナディーン

正式国名等	セントビンセント・グレナディーン（Saint Vincent and the Grenadines）
地理的位置	西インド諸島の小アンチル諸島の火山島のセントビンセント島と珊瑚礁のグレナディーン諸島から成る立憲君主制国家。英連邦加盟国
面積・人口	390 km^2（五島列島の福江島とほぼ同じ）・11.2万人（2021年）
独立等	1979年英国より独立
税制	IBC は課税なし，通常の法人税率30%，源泉徴収（使用料等20%等）
租税条約等	執行共助条約
AEOI	参加
オフショア銀行	17
備考	特定事業所得軽課税国等 FHTP：IBC（廃止），国際信託（廃止）

13　セントマーティン

正式国名等	セントマーティン（蘭）（Saint Martin）
地理的位置	カリブ海のリーワード諸島にある島。南側は蘭領，島の北側は仏領である。
面積・人口	（蘭）34 km^2・3 万5,000人
税制	法人最高税率35%，旧オフショア会社を購入すると法人税率 3 %
租税条約等	執行共助条約
AEOI	不参加
備考	2010年10月，オランダ領アンチルは解体され，蘭領は単独でオランダの自治領となった。

14　セントルシア

正式国名等	セントルシア（Saint Lucia）
地理的位置	小アンチル諸島のウィンドワード諸島中央部に位置する島国で立憲君主制
面積・人口	616 km^2（淡路島とほぼ同じ）・18.3万人（2020年）
独立等	1979年英国から独立
税制	法人税率は30％。属地主義で国外所得に課税なし，2019年1月前に設立されたIBCは1％の税率の選択ができる。
租税条約等	執行共助条約
AEOI	参加
オフショア銀行	7
備考	オフショア所得軽課税国等，FHTP：IBC（廃止），国際パートナーシップ（廃止），国際信託（廃止）

15　タークスケイコス

正式国名等	タークスケイコス（Turks and Caicos Islands）
地理的位置	バハマ諸島に属するタークス諸島とケイコス諸島からなる。
面積・人口	948 km^2・5万5,000人
独立等	英領
税制	所得税法人税の課税なし
租税条約等	執行共助条約
AEOI	参加
オフショア銀行	0
備考	全所得軽課税国等　FHTP2019年1月1日経済的実体要件導入

16　ドミニカ国

正式国名等	ドミニカ国（Commonwealth of Dominica）
地理的位置	小アンチル諸島にあるウィンドワード諸島にある独立国

面積・人口	750 km² (奄美大島とほぼ同じ)・7.1万人 (2018年)
独立等	1978年英国から独立
税制	法人税率28%, IBC の国外所得免税 (20年間)
租税条約等	執行共助条約
AEOI	参加
オフショア銀行	0
備考	ドミニカという場合, 知名度の高いドミニカ共和国を指す。 FHTP：IBC (廃止), オフショア銀行 (廃止)

17　トリニダード・トバゴ

正式国名等	トリニダード・トバゴ共和国 (Republic of Trinidad and Tobago)
地理的位置	小アンチル諸島のリーワード諸島に位置するトリニダード島とトバゴ島の2島と属領からなる共和制国家で, 英連邦加盟国である。
面積・人口	5,130 km² (千葉県よりやや大きい)・140.3万人 (2021年)
独立等	1962年英国より独立
税制	法人税の標準税率30%, VAT の基本税率は12.5%, 投資会社, 農業・牧畜業等からの所得免税
AEOI	参加
オフショア銀行	0
備考	G20首脳会議では, 要請に基づく情報交換への対応が不十分だと判定された理由で EU 表したブラックリスト国に登録された。 FHTP：自由貿易地域 (有害)

　外国子会社合算税制におけるブラックリスト国とは, 2016年6月に京都で開いた OECD の租税委員会でとりまとめられた「税の透明性に関する非協力的地域を特定する客観基準」に基づいて2017年7月の G20のハンブルグサミットで指定国が出ることになっていた。ブラックリスト国はトリニダード・トバゴ一国のみで, 基準の1つである「要請に基づく情報交換」への対応が不十分とされた。

18　パナマ

正式国名等	パナマ共和国（Republic of Panama）
地理的位置	北アメリカ大陸と南アメリカ大陸の境に位置する共和制国家
面積・人口	7万5,517 km^2（北海道よりやや小さい）・約418万人
独立等	1903年コロンビアから分離独立
税制	パナマの税制は属地主義国課税である。オフショア企業免税
租税条約等	租税情報交換協定
AEOI	参加
オフショア銀行	97
備考	国外源泉所得軽課税国等（経済特区），日本の船籍の約6割がパナマである。登録船籍数のランキングでは，パナマ，リベリア，マーシャル諸島，香港，シンガポールがトップ5である。FHTP：便宜置籍船（有害なし）

(1)　パナマ文書事件の概要

　2016年4月4日の朝日新聞デジタル及び5日の読売新聞朝刊にタックスヘイブンに設立した法人等の情報が南ドイツ新聞にもたらされたのがこの事件の発端と報じられている。このファイルには，1,100万件を超える文書やEメールが含まれており，これに関与したのは，タックスヘイブンにおいての法人設立を手掛けるパナマの法律事務所「モサック・フォンセカ」の内部資料で，その期間は，1970年代から最近までであった。

　この内部資料（以下「パナマ文書」という。）について，問題は2つある。1つは，まず，この資料に含まれた情報の真贋である。第2は，この資料には各国の政治家，芸能人，運動家等に係る情報が含まれていることから，関係各国においてどのような処理が行われるのか注目されたところである。

　そして，第1の点について，この報道内容が，国際調査報道ジャーナリスト連合（ICIJ）や提携先による分析によるものであること，このパナマ文書により資産隠しの疑惑を受けたアイスランド首相が，同文書公表後に辞意を表明したこと，英国首相もその事実を認めたこと等から，その資料の信ぴょう性が裏付けられたものと思われる。

　この史上最大の情報漏えいといわれているパナマ文書事件は，スキャンダル

としての興味本位の視点のみで理解すべきではないといえよう。問題は租税回避対策への影響ということになろう。さらに，もう1点は，パナマ文書事件の規模が大きなことが注目されているが，国際税務の領域では，この種の情報漏えい事件が頻発しており，この事件は，その流れにあるものといえる。

　なお，2017年6月の新聞報道では，国税の調査によれば，「パナマ文書」記載の国内分申告漏れが計10億円超ということであった。

　⑵　便宜置籍船と課税問題

　2021年3月にスエズ運河でコンテナ船が座礁し，船舶の航行に影響が出た。国土交通省などによると，今回座礁した船はパナマ船籍で，愛媛県の正栄汽船が所有し，台湾の会社が運航していた。この船は船籍をパナマに登録する典型的な便宜置籍船である。1972年に1,580隻あった日本籍船が2006年は95隻に，1974年に約5万7,000人いた日本人船員は2007年には約2600人に激減している。

　タックスヘイブン対策税制導入前の昭和40年代後半は，日本の対外投資の増加と企業活動の国際化という時代があるが，この税制の導入の直接的な理由として考えられるものは，便宜置籍船の課税問題である。

　船舶は，その登録をした国に船籍があり，その登録した国の法律の適用を受けることになるが，先進国の船会社の多くは，船舶の登録税等の節約及び人件費の高い自国の船員の乗船を回避する等の目的から，自国に船舶の登録を行わず，登録した船舶に規制の緩いパナマ，リベリア等に登録を行っている。このように便宜的に外国籍で登録を行っている船舶のことを便宜置籍船という。

　国際運輸を行う日本の海運会社は，外国子会社等をパナマ等に設立して，その法人所有の船舶として外航船を登録し，その船舶の得た利益をこの外国子会社等に留保していた。このパナマの税制では，パナマ船籍の国際的リースによる利益は課税されず，便宜置籍船の国外における収益はパナマで課税されないという租税上の優遇措置があった。したがって，このような外国子会社等の税負担は，日本における同様の所得に対する税負担と比べると著しく低いという結果であった。また，船舶登録を行う事務所が東京にあり，かつ，パナマの法律等が日本の船会社の意向を踏まえて改正される等のいわゆる使い勝手がよいということも理由である。

　このような状況下において，これらの便宜置籍船を置く外国子会社等が実体のない法人であったとしても，この外国子会社の所得を機械的に日本親会社の

所得と合算するという税法上の規定は合算税制創設前のわが国にはなかったことから，別法人である日本の親会社と外国子会社に対して，当時の課税当局は，この外国子会社に所有されている船舶が実質的に日本親会社の所有であるという認識に基づいてこの外国子会社の所得を日本親会社の所得に含めるよう日本の海運会社に対して昭和50年3月10日に以下のような申告指導を行ったのである（浅野信一郎「我国海運業者に対する便宜置籍国船課税問題について」『租税研究』第328号　1977年2月）。

①　便宜置籍船会社の決算尻を親会社の所得として，確定決算に織り込むか或いは申告調整をするか。

②　便宜置籍船会社が赤字の場合，確定決算に織り込むことを条件に税務計算上もこれを認めるが，申告調整は粉飾決算を認めることになるので，税務上も認めない。

③　本指導に従わず，他人名義を使って取引する場合は，仮装隠蔽として厳重な処分を行う。

④　自社船を便宜置籍船会社に売却するのは一種の仮装取引であるから，その船の減価償却費は親会社の確定決算に計上されていない限り，便宜置籍船会社の費用としては認めない。

　続いて昭和51年3月26日の第2回申告指導会では，次のような申告指導があった。

便宜置籍船会社に対する課税方針の原則は合算方式であるが，特に理由のある場合には，外国法人として個別に申告することも認める。

　要するに，昭和50年，51年当時は，便宜置籍船の存在という現実に対して，課税上の取扱いが一定しなかったのである。

　昭和52年12月に税制調査会は，「昭和53年度の税制改正に関する答申」において「タックスヘイブン対策税制の導入」を提言している。昭和53年度に講じる立法措置の骨子は次のとおりである。

①　タックスヘイブンに所在する海外子会社等に留保された所得のうち，そ

の持分に対応する部分を親会社の所得に合算して課税することとする。

②　法人税が全くないか若しくはわが国法人税に比しその実効税率が著しく低い国又は国外源泉所得を非課税としている国等を対象とする。

③　合算対象となる海外子会社等の範囲は，内国法人又は居住者が全体として発行済株式総数（出資総額）の50％を超える株式（出資）を直接又は間接に保有する海外子会社等とする。但し，少額の持分を保有するに過ぎない株主は合算課税の対象外とする。

④　その地において事業活動を行うことに十分な経済的合理性があると認められる海外子会社等は適用除外とする。

19　バハマ

正式国名等	バハマ国（Commonwealth of The Bahamas）
地理的位置	西インド諸島のバハマ諸島を領有する国家
面積・人口	1万3,880 km^2（700余りの小島からなる。福島県とほぼ同じ。）・39.3万人（2020年）
独立等	1973年英国より独立
税制	所得税法人税の課税なし
租税条約等	租税情報交換協定
AEOI	参加
オフショア銀行	418
備考	全所得軽課税国等，バハマ文書（2016年9月に国際調査報道ジャーナリスト連合が「バハマリークス」と名付けた。）は，1990年以降から2016年現在までにバハマで設立されたペーパーカンパニー等の法人約17万5,000社に関する約130万件の電子ファイル。 FHTP2019年1月1日経済的実体要件導入

(1)　バハマの税制（2014年）

　バハマでは，内国法人，外国法人という区分はなく，法人税，個人所得税，キャピタルゲイン税，相続・遺産税の課税がなく，配当，利子，使用料に対する源泉徴収税もない。給与に対する課税もない。

政府の財政収入の主たるものは以下のとおりである。

① 輸入関税

② 印紙税

③ 不動産税：毎年不動産に課される固定資産税である。

④ 保険業税：バハマで事業を行う許可を得た内国保険業者は保険料収入の1％の税を課される。

⑤ オフショア・カンパニーの非居住株主は，配当，利子又は清算分配について課税はない。

　日本の富裕層の個人がバハマにペーパー会社を設立して資産運用を行い，利益を得ることは可能である。バハマはこのペーパー会社を居住法人とするがその利益への課税がない。しかし，この個人に対して日本の外国子会社合算税の適用になる可能性がある。

　(2) エイキン事案

　この事案（Aiken Industries, Inc. v. Commissioner, 56 T.C. 925（1971））は，トリティ・ショッピングの事案としても有名であるが，租税裁判所における判決において，利子の受益者概念が使用された。

　この事案は，米国法人であるエイキン社（以下「A社」という。）の100％子会社である米国法人（Mechanical Products, Inc.：以下「M社」という。：後日A社と合併した。）が同じくA社の親会社であるバハマ法人（以下「B社」という。）から年利4％で225万ドルの借入れをした。そしてM社は，この借入れの担保として1963年4月に約束手形をB社に対して発行した。その後，B社は，新設したホンジュラス法人（以下「H社」という。）の手形とA社からの手形を交換した。資本関係は，B社―A社（A社が約99％所有）―M社（100％所有），B社―エクアドル法人C社（B社が100％所有）―H社（C社が100％所有）となる。

　このような仕組みが考えられた背景としては，当時，米国・バハマ間は租税条約がなく（バハマはタックスヘイブンであるため現在も租税条約はない。），米国の国内法によりこの支払利子には30％の税率で源泉徴収が行われることになる。B社は，米国における源泉徴収を避けるために，1957年（昭和32年）から1966年（昭和41年）にかけて有効であった，米国・ホンジュラス租税条約（米英租税条約の適用拡大）の利用が考えられたのである（ホンジュラスから

バハマへの利子は源泉徴収の課税がない。)。

　米国・ホンジュラス租税条約第9条では，利子所得に対する源泉地国における課税は免除であった（恒久的施設がある場合を除く。)。米国租税裁判所は，本事案における米国・ホンジュラス租税条約の適用を否認してはいない。しかし，同租税条約第2条第2項に規定する，条約に定義なき用語に関する規定を適用して，同租税条約第9条の文言について租税条約に定義なければ，課税する米国国内法（判例）により解釈するとしたのである。そこで，問題となった規定は「受け取る（received by）」というものである。H社は，M社からの利子を受け取る代理人であり，事業目的がなく，H社は，M社からB社への利子の導管であり，同社は実質的な利子所得（no actual beneficial interest）を取得していないと判示したのである。

20　バミューダ

正式国名等	バミューダ（Bermuda）
地理的位置	北大西洋にある英国の海外領土
面積・人口	54 km^2・5万3,000人
税制	法人税，所得税の課税なし
租税条約等	租税情報交換協定
AEOI	参加
オフショア銀行	3
備考	全所得軽課税国等　FHTP2019年1月1日経済的実体要件導入

　⑴　会社法

　1981年バミューダ会社法（Companies Act, 1981 of Bermuda）がある。

　⑵　「パラダイス文書」とバミューダ

　2017年11月6日に「パラダイス文書」に関する報道がなされた。この事件は，「パナマ文書」と類似の内容といえる。今回の法律事務所は，英領バミューダ島に所在する法律事務所「アップルビー」である。

　新聞報道等によれば，「パラダイス文書」の内訳は，アップルビーの内部文

書683万件（パナマ文書では1,150万件），シンガポールの法人設立サービス会社「アジアシティ」の内部文書56万6,000件，バハマ，マルタ等19か国・地域の登記文書604万件である。

(3)　米国からバミューダへの投資

　米国の官庁資料（U.S. Bureau of Economic Analysis）における米国多国籍企業に見る海外投資先の国別順位（2005年）は次のとおりである。

　第1位：英国（15.6％），第2位：カナダ（11.3％），第3位：オランダ（8.8％），第4位：オーストラリア（5.5％），第5位：バミューダ（4.4％），第6位：ドイツ（4.2％），第7位：カリブ海に所在する英領（4.1％），第8位：スイス（4％），第9位：日本（3.6％），第10位：メキシコ（3.5％）となっている。この統計数値から推測すれば，第3位のオランダ（持株会社等に対する優遇税制），第7位：カリブ海に所在する英領（タックスヘイブン）及び第8位：スイス（持株会社等に対する優遇税制）は，米国からの投資を迂回していることは明らかである。米国と第5位であるバミューダとの間に2つの租税条約（租税情報交換協定，保険所得条約）が締結されている。バミューダは，タックスヘイブンであり，オフショア金融センターである。

(4)　米国・バミューダ保険所得租税条約

　バミューダは大西洋上にある英国の海外領土であり，その税制は，所得税，譲渡所得税，源泉徴収税等がなく，給与を支払う雇用者に対する給与税（payroll taxes）のみが課されるタックスヘイブンである。また，バミューダは，タックスヘイブンという条件のほかに，キャプティブ保険業法が施行されていることから，キャプティブ保険会社（captive insurance company：以下「キャプティブ」という。）が多いことでも有名である。

　米国とバミューダ間では，1986年に保険所得租税条約（Insurance Income Tax Treaty：以下「保険条約」という。）が締結されている。バミューダは，タックスヘイブンであることから，米国法人がバミューダにおいて課税を受ける事態は想定できず，バミューダにあるキャプティブが米国を源泉地国として課税を受ける場合に，保険条約が適用されることになるものと思われる。

　キャプティブは，自社のリスクの一部又は全部を引き受けるために設立された保険子会社のことである。したがって，キャプティブは，一般の損害保険会社等のように不特定多数の顧客を対象とはせずに，企業が単独で或いは企業グ

ループ等が設立するもので，これらの特定企業等のリスクを専ら再保険として引き受けるために当該特定企業等が設立した再保険会社ということになる。なお，再保険とは，保険者が自己の負担すべき保険責任の一部又は全部を他の保険会社に転嫁する取引のことで，再保険を付保することを「出再する」といい，再保険を引き受けることを「受再する」という。

キャプティブは，キャプティブ保険業法という特別法が施行されている国等において設立されている。この国等とは，バミューダ，シンガポール，アイルランド，ルクセンブルク，米国のハワイ州等で，日本は，国内にキャプティブを設立することが難しいことから，海外にキャプティブが設立されている。さらに，日本は，国内の資産の賠償責任の保険を直接に海外の会社に付保することが禁止されているために，いったん，日本に所在する元受保険会社に保険リスクを引き受けてもらい，その対価としての保険料を支払い，当該元受保険会社に移転している保険リスクの一部をキャプティブに出再し，さらに，キャプティブは，一部を自己保有してその残りの部分を他の再保険会社に出再することになる（再保険キャプティブ）。

21　パラグアイ

正式国名等	パラグアイ共和国（Republic of Paraguay）
地理的位置	南アメリカ中央南部に位置する共和制国家
面積・人口	40万6,752 km²（日本の約1.1倍）・713万人（2020年）
独立等	1811年スペインから独立
税制	法人税率10%
AEOI	参加（開始年度未確定）
オフショア銀行	0
備考	軽課税国等

22　バルバドス

正式国名等	バルバドス（Barbados）
地理的位置	小アンチル諸島のウィンドワード諸島に属する島国

面積・人口	430 km^2（種子島とほぼ同じ）・28.7万人（2020年）
独立等	1966年英国より独立
税制	オフショア事業等の法人への優遇税制，法人税率5.5％
租税条約等	執行共助条約
AEOI	参加
オフショア銀行	63
備考	特定事業所得軽課税国等　FHTP：IBC（廃止），国際財務サービス（廃止），国際信託（廃止），免税保険（廃止），適格保険会社（廃止），有限責任の国際的組織（廃止），外貨所得等の税額控除（廃止） FHTP2019年1月1日経済的実体要件導入

　米国が1945年に締結した米英租税条約に適用拡大の規定があり，バルバドス，キプロス，ジャマイカ，トリニダード・トバゴへ適用されていた。

23　プエルトリコ

正式国名等	プエルトリコ（Puerto Rico）
地理的位置	大アンチル諸島
面積・人口	9,104 km^2・320万人
独立等	米国属領
税制	法人税は付加税も含め最大で37.5％が課せられるが，輸出産業など奨励分野では4％の優遇税率が適用される。また，利益の配当については無税で送金できる。
備考	2015年7月プエルトリコに財政破綻が報道された。

（1）属領税額控除

　米国は，税制上においても，プエルトリコ等の属領に対して優遇措置を講じてきた。その例が，属領税額控除制度で，米国の内国法人の総所得が，3年にわたり80％以上が属領源泉であり，50％以上が属領からの事業により生じたものに対してこの制度が適用されて，米国での税が免除されるというものであった。米国の外国税額控除でも，米国属領は外国として区分されている。そして，この制度を利用して多くの米国企業がプエルトリコに進出し，税率の低いプエ

ルトリコに所得を移転したことで，米国の移転価格課税を受けて訴訟にまで発展した事例がある（イーライリリー社，GD サール社等の訴訟事案）。問題はこのような優遇措置が1996年制定の Small Business Job Protection Act of 1996 により廃止され，旧規定の経過措置が10年有効であったため，2006年まで，この制度は有効であったが，プエルトリコ経済に大きな影響を及ぼした。

(2)　富裕層の誘致

　経済的に困窮したプエルトリコは，米国から富裕層の移住を促すために，2012年 1 月17日に「Investor's Relocalization Act」（(Law Num. 22)）を制定した。このような立法をした背景には，富裕層を呼び込む効果として，不動産への新たな投資，銀行への新たな資金の預入れ等が想定されていた。プエルトリコ居住者となる要件は，課税年度中に183日以上プエルトリコに滞在する個人である。米国内国歳入法典第933条の規定によれば，プエルトリコ居住者により取得されたプエルトリコ源泉所得は，米国内国歳入法典において，総所得に含まれず，免税となることが規定されている。また，上記の2012年制定法によれば，プエルトリコ居住者となった個人の投資所得は，プエルトリコでも免税である。

　上記の新立法により約200人のトレーダーやプライベートエクイティ投資業界の大物，起業家らが移住の意向を表明した。問題は経済的にひっ迫したプエルトリコが窮余の一策としての立法ということもできるが，他方，プエルトリコに債券が大量で出回っていることから，プエルトリコに経済的危機が生じると，金融問題が生じるという事情もある。

　2015年 6 月29日，欧米系のメディアは，プエルトリコの破綻を報じた。

24　ベリーズ

正式国名等	ベリーズ（Belize）
地理的位置	中央アメリカのユカタン半島の付け根の部分にあり，カリブ海に面する独立国
面積・人口	2 万2,970 km^2（四国より少し大きい。）・40.5万人（2021年）
独立等	1981年英領ホンジュラスから独立

税制	法人税率25％，オフショアビジネス課税（2019年：1.75％，3％，2020年石油採掘業以外無税）
租税条約等	執行共助条約
AEOI	参加
オフショア銀行	5
備考	FHTP：IBC（廃止）

25　モントセラト

正式国名等	モントセラト（英）（Montserrat）
地理的位置	小アンチル諸島のリーワード諸島に位置する火山島
面積・人口	102 km^2・約5,000人
独立等	英国の海外領土
税制	法人税率20％，特定事業所得課税なし
租税条約等	執行共助条約
AEOI	参加
オフショア銀行	0
備考	特定事業所得軽課税国等，FHTP：IBC（廃止）

❹　タックスヘイブンに該当しない国等

26　米領バージン諸島

正式国名等	アメリカ領バージン諸島（Virgin Islands of the United States）
地理的位置	西インド諸島にあるアメリカ合衆国の自治領（準州）。小アンチル諸島のバージン諸島の西側半分。東側は，英領バージン諸島
面積・人口	1,910 km^2・約10万人
独立等	1917年にデンマークから2,500万ドルで購入した。

税制	米国本土の税制が基本であるが，法人税は地方法人税がないことから10％の付加税が課される。2017年税制改正により，優遇措置適格地域を規定し，同地域の譲渡収益税の7年間繰延べと15％の税率軽減が規定された。個人居住者の配当或いはS法人からの分配について90％の非課税措置がある。
AEOI	不参加

27　キューバ

正式国名等	キューバ共和国（Republic of Cuba）
地理的位置	大アンチル諸島
面積・人口	10万9,884 km^2（本州の約半分）・1,131万人（2021年）
独立等	1902年
税制	キューバとの合弁会社等は設立後8年間免税，法人税率は15％，石油，鉱物資源事業は最高税率50％，100％の外資会社は35％の税率
租税条約等	なし
AEOI	不参加
備考	租税条約締結国：オーストリア，バルバドス，中国，レバノン，ポルトガル，ロシア，スペイン，ベネズエラ，ベトナム

28　ドミニカ共和国

正式国名等	ドミニカ共和国（Dominican Republic）
地理的位置	大アンチル諸島　西部はハイチ
面積・人口	4万8,442 km^2（九州に高知県を合わせた広さ）1,093万人（2021年）
独立等	1844年
税制	法人税率27％，地方法人所得税なし
AEOI	参加（開始年度未確定）

29　ハイチ

正式国名等	ハイチ共和国（Republic of Haiti）
地理的位置	大アンチル諸島　東部はドミニカ共和国
面積・人口	2万7,750 km^2（北海道の約3分の1程度の面積）・1,140万人（2020年）
独立等	1804年
税制	法人税と個人所得税は累進税率で10～35%
AEOI	開始年度未確定
備考	2021年8月地震の被害発生

❺　中米の国々

30　エルサルバドル

正式国名等	エルサルバドル共和国（Republic of El Salvador）
地理的位置	隣国はホンジュラスとグアテマラ
面積・人口	2万1,040 km^2（九州の約半分）・約669万人（2020年）
独立等	1821年スペインより独立
税制	属地主義　居住者・非居住者（法人税率）30%
租税条約等	執行共助条約

31　グアテマラ

正式国名等	グアテマラ共和国（Republic of Guatemala）
地理的位置	メキシコの南
面積・人口	10万8,889 km^2（北海道と四国を合わせた広さよりやや大きい）・1,660万人（2019年）
独立等	1821年スペインより独立
税制	属地主義　法人税率25%
租税条約等	執行共助条約

32 ニカラグア

正式国名等	ニカラグア共和国（Republic of Nicaragua）
地理的位置	南ホンジュラス，北コスタリカ
面積・人口	13万370 km^2（北海道と九州を合わせた広さ）・662万人（2020年）
独立等	1821年スペインより独立
税制	属地主義　法人税率30％

33 ホンジュラス

正式国名等	ホンジュラス共和国（Republic of Honduras）
地理的位置	北グアテマラ，南ニカラグア
面積・人口	11万2,490 km^2（日本の約3分の1）・975万人（2019年）
独立等	1823年メキシコから独立
税制	属地主義　法人税率25％，キャピタルゲイン10％

V
欧州のタックスヘイブン

① タックスヘイブン

1　アイルランド

正式国名等	アイルランド共和国（Republic of Iceland）
地理的位置	北大西洋のアイルランド島の大部分を領土とする共和制国家
面積・人口	7万300 km^2（北海道の面積の約8割強）・512万人（2022年）
独立等	1949年独立
税制	法人税率12.5%
租税条約等	租税条約
AEOI	参加
オフショア銀行	54
備考	軽課税国等，EU加盟国

（1）アイルランドの法人税等

法人税	①　2015年1月以降に同国で設立された法人は居住法人となる。外国で設立された法人は管理支配地主義で判定する。 ②　5%株式所有等を要件とするグループリリーフ制度がある。 ③　適格子会社の株式の譲渡益は資本参加免税により法人税が免除される。 ④　2018年財政法により，EU租税回避防止指令（ATAD）に基づいたCFC税制が導入された。 ⑤　アイルランドは2019年財政法により，ハイブリッド対策税制を導入し，2020年1月1日以降適用している。
キャピタルゲイン税	資産の譲渡所得に対する税率は33%である。
付加価値税	付加価値税の基本税率は23%であり，軽減税率がある。
印紙税	資産の譲渡を証する文書に課税される。居住用不動産は1%～2%であり，アイルランド法人の株式等の譲渡の場合は1%となる。これら以外は，2019年10月9日以降は7.5%である。

（2）アイルランドの優遇税制の変遷

　同国の国際税務の領域では低税率国として有名であるが，1990年頃の法人税

率は43%で，経済回復，失業対策として，租税優遇措置を講じていた。アイル
ランドは，経済的に他のヨーロッパ諸国よりも恵まれていなかったこと等を理
由として，過去に各種の優遇税制を立法して経済発展を促進させている。

　輸出促進優遇税制（Export Sales Relief legislation）は，1956年に他のヨー
ロッパ諸国と比較して経済状況の悪いアイルランドの発展のための政策として
５年の時限立法として導入されたものであり（その後適用を延長），当初は，
法人税の50％軽減であった。この税制の効果として1963年には，1956年比で輸
出が129％増加している。その後，アイルランドは，EEC（当時）との調和等
を重視する観点から，この税制の適用を製造業に限定し，これらに代わって
2003年１月以降法人税率を12.5％に引き下げてすべての業種に適用することに
なった。

　また，アイルランドにおいて製造された製品からの所得又はアイルランドに
おける役務提供（ソフトウエア開発，データ処理等）に基因する所得は，2010
年末まで10％の税率適用となっていた。また，シャノン空港開発地域において
認定を受けたサービス活動による所得及びダブリンの国際金融サービスセンタ
ーにおいて認定を受けた国際金融サービスによる所得は，2005年末まで10％の
税率適用となっていた。この国際金融サービスとは，国際金融，保険，資金管
理，仲介，ディーラー活動，財産管理，金融上の助言及びこれらの活動の事務
管理である。この前者の措置は，諸外国の企業から注目を集めていたが，2011
年１月１日以降，10％の税率は廃止されて，一律12.5％の税率が適用されてい
る。

　(3)　EU の国家補助規制
　イ　Double Irish with a Dutch Sandwich のスキーム
　2010年10月頃，米国の大手 IT 企業である，グーグル社とアップル社が，ア
イルランド，オランダ，バミューダ或いはケイマン諸島の税制を利用して，本
来であれば，米国において課税対象となる利益をタックスヘイブンに移転する
ことで，多額の節税を図った事例（このスキームは，Double Irish with a
Dutch Sandwich といわれている。）があった。これ以外にも多国籍企業の租税
回避が問題となり，新聞等においても具体的な企業名が公表されてきた。この
ような事態に対して，これまでのように，各国の課税当局が努力をしたとして
も問題の解決が難しいことから，世界各国が共同してこのような事態に対処す

る機運が盛り上がり，2013年 7 月に，OECD は，「税源浸食と利益移転（BEPS：Base Erosion and Profit Shifting）」に関する15の行動計画をそれぞれの計画に期限を付して公表している。要するに，アップル・アイルランド➡国際的租税回避事例➡BEPS 行動計画，という図式からこの事例が注目されたのである。

　ロ　EU との関係

　2016年 8 月，EU はアップル社に対して130億ユーロの追徴をアイルランド政府に命じた。米国政府は，アイルランドで納付する法人税について米国政府も利害があるとして介入許可を EU 司法裁判所に求めたのであるが，2018年 5 月に，同裁判所はこの米国政府の請求を退けた。なお，アップル社とアイルランド政府は EU の追徴について EU 司法裁判所に訴えを起こしたが，2020年 7 月15日一般裁判所はアップルの主張を支持する判決を下した。

　EU は，現在，27か国が加盟しているが，その特徴は，加盟各国にとって，国内法と EU 条約等の二重構造があるということである。まず，EU には，EU 条約があり，現行の EU 基本条約は，2007年12月に署名され，2009年12月 1 日に発効したリスボン条約である。この条約は，1993年11月発効の欧州連合条約（マーストリヒト条約），1995年 5 月発効のアムステルダム条約，2003年 2 月発効のニース条約という改訂を経た改訂連合条約と1958年発効の EU 条約（ローマ条約）の 2 つの基本条約を修正したものである。さらに，EU には，欧州司法裁判所（ECJ）があり，ECJ は，EU における条約法令に関して解釈をする最高裁判所の役割を果たしている。裁判官は27名，裁判官を補佐し専門的な意見を述べる法務官（Advocates-General）は 9 名である。判決に対して法務官の意見の影響がある。したがって，国内法において適法であったとしても，EU 条約の規定に反する場合，国内法の執行ができず，国内法の改正という事態も生じるのである。

　例えば，キャドバリー・シュウェップス社（Cadbury Schweppes plc）の課税事例では，英国が同社のアイルランド子会社に対してタックスヘイブン税制を適用したことが EU 条約に違反すると判断されたことがある。さらに，英国のマークス・アンド・スペンサー社（Marks & Spencer plc）の課税事案では，英国国内法は，同社の外国子会社に生じた損失を英国親会社のグループ税制において控除することを認めていないが，EU 条約の解釈では，一定の条件のも

とに，この控除を認めるという判断が示されたのである。

アイルランドは，EU 加盟国であり，法人税率が12.5%と低いことから，EU 域外の各国法人にとって欧州における基点として利用されてきた。アップル社は，アイルランドにおいて負担している税率は2.5%であり，同国とアップル社の間で税負担に関する1991年及び2007年の合意は，税の軽減部分が補助金に該当し，EU 法に違反するということである。問題は，企業と投資先の国との間の合意に限定されず，税の優遇措置に対する EU のチェックである。この結果，アイルランドを税の負担軽減に利用してきた多国籍企業の投資活動に今後影響が出るのはないかと思われる。

(4)　リース会社

平成29年度改正では，基本法人税率が12.5%のアイルランドなどで航空機リース事業を行う外国子会社について，一定の要件を満たせば，外国子会社合算税制の合算課税から除外されている。一定の要件は，役員又は使用人が，現地で航空機リース事業を的確に行うに足る業務にすべて従事していることで，この他に費用基準やリース収益人件費割合基準がある。船舶リースはこうした改正がなく，裸用船契約（乗組員などがつかない船舶を貸す契約）は，外国子会社合算税制の適用になる。この規定は，アイルランドにおいて航空機リース事業を行う内国法人の子会社の課税に配慮したものといわれている。

(5)　ハイブリッド対策税制

この規則は，「ハイブリッド金融商品」や「ハイブリッド事業体」に対する税の取扱いが国によって異なることを利用して租税回避を図る行為を規制するものである。例えば，ハイブリッド金融商品は，ある国では借入金，他の国では資本拠出として扱われる等により，支払者は支払国において損金に算入され，受取者は受取国において益金に算入されない等の状況が発生する。新規則は，このような場合においては当該支払の損金算入を否認し，或いは当該受取りを益金算入させることを図るものである。

2　アンドラ

正式国名等	アンドラ公国（Principality of Andorra）
地理的位置	ヨーロッパ西部のピレネー山脈中に位置する立憲君主制国家

面積・人口	468 km² ・約 7 万7,000人
独立等	1993年独立
税制	法人税率10%　VAT は各種税率があるが，全体として4.5%程度と低いことから，近隣諸国から買い物客が訪れる。
租税条約等	執行共助条約
AEOI	参加
オフショア銀行	0
備考	全所得軽課税国等，FHTP ＊ IBC（廃止），関係会社間融資（廃止）

（注）公国とはヨーロッパで公の称号を持つ君主が統治する小国のこと

3　ウズベキスタン

正式国名等	ウズベキスタン共和国（Republic of Uzbekistan）
地理的位置	中央アジアに位置する共和制国家
面積・人口	44万7,400 km²（日本の約1.2倍）・3,440万人（2022年）
独立等	1991年共和国宣言で独立
税制	法人税率15%（2021年）
租税条約等	租税条約（令和元年12月19日署名） 配当：親子間 5 ％（議決権保有割合25％以上・保有期間365日以上）その他10％ 利子：政府受取等免税，その他 5 ％ 使用料：著作権（免税），その他 5 ％
AEOI	不参加
オフショア銀行	0
備考	軽課税国等

4　オランダ

(1)　オランダの概要

　オランダは前述のタックスヘイブン一覧には記載がないが，多くの日本企業が投資をしていることから，ここに税制等の概要を記述する。

正式国名等	オランダ王国（Kingdom of the Netherlands）
地理的位置	ベルギー，ルクセンブルクと合わせてベネルクスと呼ばれている。
面積・人口	4万1,864 km^2（九州とほぼ同じ）・1,755万人（2021年）
独立等	1815年
税制	課税所得39万5,000ユーロ以下は15%，39万5,000ユーロ超は25.8%（2022年）
租税条約等	租税条約
備考	EU加盟国

(2) 法人税

法人税	① 居住法人に対しては全世界所得課税，非居住法人に対しては国内源泉所得課税。 ② キャピタルゲインは他の所得と同様に課税される。 ③ 受取配当についても原則課税。 ④ 資本参加免税の制度があり，一定要件を満たす場合は，キャピタルゲイン及び受取配当に対する課税が免除。 ⑤ 利子，ロイヤルティに対する源泉税がない。 ⑥ 税務当局との間で事前に税務上の取扱いを決めることができるアドバンス・タックス・ルーリングの制度がある。 ⑦ オランダはそれまでなかったタックスヘイブン税制を2019年に創設した。また，2020年度の税制改正により，オランダ法人又はオランダの恒久的施設が，その企業グループに所属する法定法人税率9%未満の国に所在する法人，又はEUのブラックリストに含められている国に所在する法人に対して利子・使用料を支払う場合，適用される源泉税率はオランダ法人税率（標準税率）となる。

(3) オランダの会計基準

　オランダの会計基準は国際財務報告基準（IFRS）とは異なるが，2005年に，EUに上場しているすべての企業はIFRSに従う義務が課された。

(4) 租税優遇措置一覧

　以下は，租税優遇措置であるが，適用要件等は省略して適用税率のみを記載している。

租税優遇措置	1　資本参加免税：資本参加先の法人が受動的投資要件に該当せず，かつ，その法人の５％以上を保有することが適用要件で，配当等及びその株式のキャピタルゲインについては課税されない。 2　知的財産に係る所得に対する軽減措置（Innovation Box）：自己開発の無形資産である知的財産から生じる所得については５％の軽減税率での課税を選択することが認められる。

(5)　欧州委員会の国家補助規制

本事案の概要は次のとおりである。

対象企業名	• Starbucks Coffee EMEA BV（SCBV：オランダ法人） • Starbucks Manufacturing EMEA BV（SMBV：オランダ法人）
決定日	2015年10月21日
返還請求額	2,000〜3,000万ユーロ
対象 TR	2008年（オランダ）
親会社（Ｓ社）	Starbucks Corporation（米国・シアトル本社）
英国関連会社	Alki
スイス関連会社	SCTC

(6)　オランダが関連した租税回避事案

オランダは，多数に租税条約を締結していること，利子，使用料に源泉徴収がないこと，資本参加免税等を利用した租税回避が行われたことで有名である。

①　1985（昭和60）年の新聞報道された事案であるが，有名な日本の会社が，オランダに子会社を設立し，タックスヘイブン子会社を孫会社にする仕組みを作り，タックスヘイブン孫会社からオランダ子会社へ配当をすることで租税回避を図る事例が紹介された。これを契機として，1985（昭和60）年度税制改正において，タックスヘイブン子会社からの支払配当を控除しない制限が規定されたのである。

②　米国法人が，オランダ子会社を通じて日本に匿名組合を設立して所得を得た事案で，当時の日米租税条約では，匿名組合からの所得は日本で課税となるが，日蘭租税条約において，匿名組合員に対して利益の分配は同条

約における「その他所得」に該当するとして，オランダ源泉所得として日本では課税ができないとした事案（ガイタント事案）がある。

(7)　日蘭租税条約の適用の可否

　オランダは，米蘭租税条約をカリブ海にあるオランダ領アンチルに適用拡大をして，タックスヘイブンであったアンチルが，対米国投資の税負担軽減のための拠点として利用されたことがある。この適用拡大はその後，米国政府とアンチルの租税条約となったが，その後同条約は停止となっている。

　アンチルは，6つの島から構成されており，アルバが1986年に単独の自治領として離脱し，残りの5島からも同様の要求があり，2010年10月にキュラソー島とシント・マールテン島は単独の自治領となり，残りの3島は特別自治地域としてオランダ本国に編入されている。このうち，キュラソー島は，法人税の基本税率が22％であるが，2018年1月以降，居住法人の全世界所得課税を改正して，保険等を除いて国外源泉所得を免除する方式となった。また，持株会社の資本参加免税制度等の優遇措置があり，軽課税国であり，南米進出の拠点となり得る地域といえる。現在，オランダが締結している対マルタ租税条約と対ノルウェー租税条約が，キュラソー島まで適用拡大をしているが，日蘭租税条約の適用拡大はない。

　オランダは，BEPS防止措置実施条約（BEPS条約）をキュラソー島の締結している租税条約にまで適用することを通告している。キュラソー島に適用になる租税条約は，オランダ・ノルウェー租税条約のアンチルまでの適用拡大が停止されておらず，現在も規定が残っているのは，キュラソー島が現在租税条約の締結交渉をしているジャマイカ，マルタである。BEPS条約は，2020年1月以降，日蘭条約と統合することになっているが，上記のオランダの通告は，租税回避防止の強化となることから，税負担の軽減という効果はないものと思われる。

(8)　オランダのタックスヘイブン税制

　オランダはこれまでなかったタックスヘイブン税制を2019年に創設した。また，2020年度の税制改正により，オランダ法人又はオランダの恒久的施設が，その企業グループに所属する法定法人税率9％未満の国に所在する法人，又はEUのブラックリストに含められている国に所在する法人に対して利子・使用料を支払う場合，適用される源泉税率はオランダ法人税率（標準税率）となる。

(9)　オランダ・ロシア租税条約の適用停止

　ロシアは，税収増加を図るため，租税条約の限度税率の引上げを提案したが，オランダからは，ロシア側の提案が拒否されたことで，ロシア・オランダ租税条約は適用停止となることになった。

(10)　ポイント

　オランダの税務における特徴は，税務当局と納税者が事前に課税上の取扱い等について，協議し，確認を得ることができるルーリング制度があることである。上記５の事案もルーリングに基づくものである。

　ルーリング（アドバンス・タックス・ルーリング：ATR）は，①資本参加免税の適用関係，②ハイブリッド金融商品に係る取扱い，③PEの認定等で，ATRは納税者との間で法律上の合意として，有効期間は，４～５年間である。したがって，優遇措置を内容とするATRを得ている場合，最低税率制度の適用も要検討となる。

5　ガーンジー

正式国名等	ガーンジー（Bailiwick of Guernsey）（英）
地理的位置	英仏海峡のチャンネル諸島に位置する英国王室属領
面積・人口	78 km^2・6万5,000人
独立等	ガーンジー管轄に属するオルダニー島とサーク島は，それぞれ自治権を有している。
税制	居住法人は全世界所得，非居住法人はガーンジー源泉所得が課税所得であるが，基本税率は0％。金融保険業等は10％の税率画適用となる。また，公益会社は税率20％の適用。サーク島は，所得税，キャピタルゲイン税，相続税，売上税等の課税がない。
租税条約等	租税情報交換協定（オルダニー島を含む），サーク島は含まれない。
AEOI	参加
オフショア銀行	77

備考	全所得軽課税国等，ガーンジーの管轄は，ハーム島（Herm）とジェソー島（Jethou）を含み，オルダニー島（Alderney）とサーク島（Sark）は，それぞれ自治権を有している。FHTP：2019年1月1日経済的実体要件導入

6　マン島・ガーンジー・ジャージーの比較

⑴　3島の概要

　3島の概要については，重複となるが，以下に再掲する。ガーンジーは前掲のとおりである。

正式国名等	マン島（Isle of Man）
地理的位置	グレートブリテン島とアイルランドに囲まれたアイリッシュ海の中央に位置する島。英国の王室属領
面積・人口	572 km²・約8万6,000人
税制	法人税の基本税率は0%，金融業は税率10%，公益会社の税率は20%，その他同島で生じた所定の所得の税率は20%，源泉徴収なし
租税条約等	租税情報交換協定
備考	全所得軽課税国等

正式国名等	ジャージー（Bailiwick of Jersey）
地理的位置	英仏海峡のチャンネル諸島に位置する英国王室属領
面積・人口	116 km²・約9万5,000人
税制	法人税の基本税率は0%，金融業は税率10%，公益会社の税率は20%，その他同島で生じた所定の特別な所得の税率は20%
租税条約等	租税情報交換協定
備考	全所得軽課税国等

　王室属領は，ジャージー管区（Bailiwick of Jersey），ガーンジー管区（Bailiwick of Guernsey）とマン島である。ガーンジー管区は3つの管轄に分かれている。ガーンジーの管轄は，ハーム島（Herm）とジェソー島（Jethou）を含み，オルダニー島（Alderney）とサーク島（Sark）は，自治権を有してい

る。王室属領は，連合王国としての英国の領域に含まれず，自治権を有している関係から，英国の海外領土でもなく，英国議会に代表を送り込んでいないが，外交と防衛は英国が担っている。これらの島の元首は英国国王であり，副総督（ガーンジー管区を除く。）が現地では業務を行っている。

　３島は，日本から離れているということから，日本の企業との関連は少ないということも想定されるが，以下に掲げた訴訟において最高裁で国側が敗訴した訴訟で，内国法人がガーンジーを利用していたことが明らかになった。

ガーンジー事案（損保ジャパン事案）
東京地裁　平成16年（行ウ）第271号　平成18年９月５日判決　国側勝訴

平成17年（行ウ）第69号
東京高裁　平成18年（行コ）第252号　平成19年10月25日判決　国側勝訴
最高裁判所第一小法廷　平成20年（行ヒ）第43号　平成21年12月３日　判決　国側敗訴

　⑵　３島の税制
　イ　３島の共通事項
　３島が共通していることは，それぞれが自治権を有していることから，独自の税制を制定し，英国の税制が適用にならない。また，いずれも，軽課税であることからタックスヘイブンということができる。税制では，株式の譲渡益等に課されるキャピタルゲイン税，相続税の課税がないことから，富裕層にとっては有利な税制である。
　ロ　マン島の税制
　法人税の基本税率は０％であるが，金融業は税率10％，公益会社の税率は20％，その他同島で生じた所定の所得の税率は20％である。源泉徴収の課税はない。
　ハ　ガーンジーの税制
　居住法人は全世界所得，非居住法人はガーンジー源泉所得が課税所得であるが，基本税率は０％である。金融保険業等は10％の税率画適用となる。また，公益会社は税率20％の適用である。

　国外に所在する集合投資スキーム（Collective investment scheme：CIS）及びユニット信託は免税である。この免税の形態の費用として年間1,200ポンドが必要である。

　また，同島は，1993年に国際会社に関する所得税法を導入している。この資格を有する会社は，その設立の際に税務当局と協議をして，0％～30％の税率の適用を認められる。

　なお，同島の税制に関して，日本で損保ジャパンの事案が訴訟となり，2009（平成21）年12月3日の最高裁第一小法廷判決により国側が敗訴している。

　ニ　ジャージーの税制

　法人税の基本税率は0％であるが，金融業は税率10％，公益会社の税率は20％，その他同島で生じた所定の特別な所得の税率は20％である。

　(3)　英国との租税条約

　以下3つの租税条約は，署名年代順である。

英国・ジャージー租税条約（以下「J条約」という。）	①　1952年6月24日署名・発効 ②　1994年，2009年，2015年，2016年改正 ③　2018年7月2日改正条約署名
英国・ガーンジー租税条約（以下「G条約」という。）	①　1955年7月24日署名（発効1952年10月24日） ②　1991年12月9日，1994年7月20日，2009年1月20日，2015年9月27日，2016年2月29日改正署名 ③　2018年7月2日改正条約署名
英国・マン島租税条約（以下「M島条約」という。）	①　1955年7月29日署名（発効1955年7月29日） ②　1991年12月9日，1994年7月20日，2008年9月29日，2013年10月10日，2016年2月29日改正署名 ③　2018年7月2日改正条約署名

　3島との条約は，2018年7月2日改正条約署名したことで，通常の租税条約の形式となった。

　日本は，これらの地域と所得税租税条約を締結しておらず，これらの地域には，日英租税条約の適用はないが，以下のような情報交換協定は締結されている。

　①　2011年6月署名：マン島情報交換協定（2011年9月発効）

　②　2011年12月署名：ジャージー租税協定（2013年8月発効）

③　2011年12月署名：ガーンジー租税協定署名（2013年7月発効）

　G条約は，ガーンジー管区に含まれるすべての島が地理的な意味での適用地域とはなっていない。オルダニー島とハーム島は適用対象地域であるが，サーク島は，G条約の適用外地域となっている。なお，サーク島は，所得税，キャピタルゲイン税，相続税，売上税等の課税がない島である。

　(4)　オフショア信託等が王室属領を利用する理由

　オフショア信託に限らず，王室属領が利用される理由として以下のような事項がある。

　①　軽課税国で，法人税率が低く，株式の譲渡益等に課されるキャピタルゲイン税，相続税の課税がないこと

　②　税務上の情報の流出がないこと

　③　EU加盟国に隣接していること

　④　EUからの出入国が容易であること

　⑤　王室属領を利用したタックスプランニングに精通したアドバイザーが存在すること

　⑥　法規制が厳しくないこと

　⑦　投資家保護法等のセイフティーネット体制が整っていること，等

　王室属領がオフショア金融センターとして利用される原因は，軽課税だけではなく，上記に掲げた各種の条項が複合した結果である。例えば，マン島の場合，活動する金融機関数は60余といわれているが，これらの金融機関が倒産した場合，投資残高の90％が投資家保護法により保証されることになる。

　(5)　3島の締結している租税条約

　イ　ガーンジーの締結している租税条約

　ガーンジーが締結している租税条約は次のとおりである。

キプロス	エストニア	M島	J島
リヒテンシュタイン	ルクセンブルク	マルタ	モーリシャス
モナコ	カタール	セーシェル	シンガポール
英国			

　ロ　ジャージーの締結している租税条約

　ジャージーが締結している租税条約は次のとおりである。

キプロス	エストニア	G島	香港
M島	リヒテンシュタイン	ルクセンブルク	マルタ
モーリシャス	カタール	ルワンダ	セーシェル
シンガポール	アラブ首長国連邦	英国	

　ハ　マン島の締結している租税条約

　マン島が締結している租税条約は次のとおりである。

バーレーン	エストニア	G島	J島
ルクセンブルク	マルタ	カタール	セイシェル
シンガポール	英国		

　(6)　王室属領の有利性が損なわれる事項

　イ　金融口座情報自動的交換報告制度の創設

　金融口座情報自動的交換報告制度（AEOI）は，OECDにより進められたもので，脱税及び租税回避の防止を目的としている。AEOIは，OECD租税委員会が2014年2月に公表した共通報告基準（Common Reporting Standard）に基づいて非居住者の金融口座情報をその者の居住地国の税務当局に通知し，逆に，外国所在の金融機関から居住者の金融口座情報が提供を受けるものである。

　王室属領はいずれもAEOIには参加していることから，前述した情報交換協定とは別に，王室属領の金融機関が所有する金融口座情報は，その口座の所有者の居住地国に通知されることになる。結果として，上記4の②に掲げた秘密保護という条件は希薄になったといえる。

　ロ　EUからの圧力

　EUでは有害な税競争防止の一環として，1997年12月1日にEU閣僚理事会で事業課税に関する行動規範（Code of Conduct for business taxation）を策定し，その一環として，EUは，非加盟国の租税政策を調査して，2017年12月5日付で，税制上非協力な国（以下「リスト」という。）を公表した。

　リストのパラ2.2において，経済的実体なしに利益を生むオフショア企業活動を容易にする租税制度の存在する国等として，バミューダ，ケイマン諸島，ガーンジー，マン島，ジャージー，バヌアツを掲げている。これらの国等は，2018年までに経済的実体に関する法改正をすることを促されたのである。これ

は，上記の国等を通じて事業を行う居住者である事業体に対して，経済的な実体の存在を要求したものである。その理由としては，現地で実体のない事業体（いわゆるペーパー会社等）が多額の利益を取得するという利益の均衡のとれないリスクが増加しているということである。

　3島は，共通のガイドラインとして，Guidance on aspects in relation to the economic substance requirements as issued by Guernsey, Isle of Man and Jersey（2019年11月公表）を作成している。

　ハ　ガーンジー

　ガーンジーは，2018年11月8日に，経済実体要件に関する所得税法改正案（Substance Requirement Law（以下「SRL」という。））を作成した[注]。SRLの対象は同島の居住法人で，外国法人の支店は含まれない。SRLでは，銀行業等の9業種が対象となっている。

　SRLでは，税務当局に対して，事業活動，損益の形態と金額，設備，雇用者数等を報告することになる。この報告を怠ると罰金が科されることになる。罰金は最高1万ポンド，2年以上怠ると最高10万ポンドである。さらに，居住法人に経済的実体のない場合，実質的な親会社の居住地国等に情報交換を行う。

　したがって，王室属領の金融機関に資金を預けた場合，AEOIにより情報交換が行われ，実体のないペーパー事業体を設立して税負担の軽減を図った場合であっても，その事業体の実質的な所有者の居住地国にその事実が通知されることになる。(注) https://www.gov.gg/economicsubstance（アクセス2021年4月18日）。

　ニ　ジャージー

　2018年10月23日に経済実体法案（Economic Substance Law）が公表された。内容は，ガーンジーのSRLと同様である。

　ホ　マン島

　2018年11月8日にマン島政府はSRLを公表した。

　ヘ　まとめ

　王室属領は，国際税務という領域においても特殊な地域であり，その特性である独自の税制及び法制等を通じて，多くの資金を集めてきたのである。

　しかし，国際的な関連性を無視することはできず，情報交換協定の締結，AEOIへの参加等により，投資情報の機密性の維持は難しい状態になりつつある。さらに，EUからの経済的実体に関する法改正を促され，2018年には法改

正を行っている。

　では，このような状態に至って，王室属領の投資先の価値は減少したのかという点であるが，王室属領は，諸外国との関連を遮断して維持することができないことから，これまで有していた投資先としてのメリットを減少しつつも，その存在価値はあるものと思われる。特に，オフショア信託という観点からすると，今後もその価値は継続するものと思われる。

7　北マケドニア（旧マケドニア共和国）

正式国名等	北マケドニア共和国（Republic of North Macedonia）
地理的位置	東ヨーロッパのバルカン半島に所在
面積・人口	6.7万 km^2・207万人（2021年）
独立等	1991年ユーゴスラビアから独立
税制	法人税は固定税率10%
AEOI	不参加
オフショア銀行	0
備考	軽課税国等

（ユーゴスラビアの崩壊と現在）
①　スロベニア共和国（1991年6月に独立を宣言）
②　クロアチア共和国（1991年6月に独立を宣言）
③　北マケドニア共和国（1992年3月にマケドニア共和国，2019年に北マケドニア共和国に改称）
④　ボスニア・ヘルツェゴビナ共和国（1992年3月に独立を宣言，その後内戦に突入し，1995年12月和平に調印）
⑤　セルビア共和国（2003年に「セルビア・モンテネグロ」，2006年モンテネグロ共和国の独立に伴ってセルビア共和国となった。）
⑥　コソボ共和国（2008年2月17日に独立を宣言）
⑦　モンテネグロ共和国（2003年，「セルビア・モンテネグロ」，2006年分離独立しモンテネグロとなった。）

8　キプロス

正式国名等	キプロス共和国（Republic of Cyprus）（英文表示サイプラス）
地理的位置	トルコの南の東地中海上に位置するキプロス島1島からなる島国
面積・人口	9,251 km^2（四国の約半分）・121万人（2020年）
独立等	1960年英国より独立
税制	国外所得は法人税課税なし。それ以外の場合は純利益の12.5%が法人税として課される。配当はすべて非課税
租税条約等	執行共助条約
AEOI	参加
オフショア銀行	46
備考	特定事業所得軽課税国等，ロシアとの経済関係あり。EU加盟国

(1)　ロシア・キプロス租税条約の限度税率引上げ

　一般に二国間において租税条約を締結するときは，二国間における国際的二重課税を排除するために，源泉地国において配当等の投資所得等に適用となる租税条約の限度税率を引き下げる方法が採用されるのが通常である。

　2020年9月にロシアとキプロスは租税条約の改正に署名している。その改正内容は，改正前に5％或いは10％であった配当と利子に係る限度税率を15％に引き上げるというもので，その背景には，ロシア側のコロナ対策の財源確保が狙いとされている。

　キプロスはロシアにとって最大の投資相手国で，この改正は，2021年以降の適用ではなるが，税収の増加は年間1,300億〜1,500億ルーブル（約2,000億円）と見込まれている。

　ロシアはキプロスに続いて，ルクセンブルクとも同様の租税条約改正を行った。しかし，次に条約改正を申し入れたオランダからは，ロシア側の提案が拒否されたことで，ロシア・オランダ租税条約は適用停止となることになった。

(2)　キプロスの概要

　キプロスは英文表示サイプラスで，トルコの南の東地中海上に位置するキプロス島1島からなる島国である。国土の面積は四国の約半分で人口119万である。

島の北方は隣接するトルコ系住民が多く，他はギリシャ系住民が多い。主たる産業は観光である。

1960年英国から独立し，2004年には EU に加盟している。国外所得は法人税課税なし。それ以外の場合は純利益の12.5％が法人税として課される。配当はすべて非課税というタックスヘイブンである。

ロシアに投資をする欧米の企業はキプロスに持株会社を設立する等の方法を採用している。そのため，キプロス中央銀行によると，外貨建て銀行口座の残高は150億ユーロを超え毎年20％超の成長を続けている。オフショア銀行数が46行あり，OECD の金融口座情報自動的交換報告制度（AEOI）にロシア共々参加している。

(3)　ロシアへの対内直接投資

ロシアに直接投資をしている国の順序（2019年）は，①キプロス，②オランダ，③英国，④アイルランド，⑤香港，⑥フランス，⑦カタール，⑧バハマ，⑨バミューダ，⑩オーストリア，である。この国の序列を見て，その多くがタックスヘイブンであることが分かる。

この順序から見えることは，前項の概要が示したように，キプロスが，タックスヘイブンであることが理由の１つであろうが，キプロスよりも，税金のないバハマ或いはバミューダが下位にあるということは，キプロスの税制以外の要因があるということになる。

ロシア・キプロス租税条約が対ロシア投資に有利になり，ロシアとの投資に関する「キプロスの窓」が存在すること，地理的に，ロシアとキプロスが近いこと，次項で述べるキプロスの銀行の取り付け騒ぎで表面化したように，ロシアの富裕層がキプロスの銀行に預金等をしていること等，種々の理由からキプロスが利用されているものと思われる。

(4)　キプロスの銀行取り付け騒ぎ

2013年にユーロ圏は財政危機にあるキプロスへの１兆円を超える金融支援と引き換えに「銀行預金への課税」を求めた。この課税は，キプロス国内の10万ユーロ超の預金に預金額の9.9％，それ以下の預金に6.7％の課徴金を徴収する内容で，この課徴金が即時実施されるということで，預金者が銀行や ATM に殺到して取り付け騒ぎが起こったことがある。

その背景には，金融支援は，ロシアの新興財閥或いはキプロスからロシアに

投資をしている富裕層等に利するだけというドイツ等の判断があり，この課徴金となったのである。

　キプロスでは，2013年3月28日に預金封鎖が解除されたが，預金封鎖後の混乱防止ために，銀行からの預金の引き出しを1日300ユーロに限定したのである。

　(5)　キプロス市民権の確保

　キプロスは2013年に短期間に永住権が取得できる「ファースト・トラック制度」を創設した。キプロスはEU加盟国であることから，キプロス市民となれば，EU域内の活動
投資は自由になることが大きなメリットであろう。

　市民権を得るための条件は下記のとおりである。

① 　キプロス領内で，市場価格30万ユーロ以上の居住向け又はその他の不動産を購入していること
② 　国外からの収入及びキプロスにおける雇用以外の収入源による所得を確保していること
③ 　国外からの資金をキプロスの銀行の3年定期預金に入金していること
④ 　市民権所有者はその権利を維持するために，2年間に最低1度はキプロスを訪問する必要がある。

　(6)　スケトウダラ漁の裏金操作とキプロス

　今から約10年前に新聞報道された事件であるが，北方領土周辺を含むロシアの排他的経済水域（EEZ）内でスケトウダラ漁を行う日本の漁業会社4社が，2009年までの3年間で，ロシア国境警備局係官などへ計約5億円を提供し，この経理処理を仮装・隠蔽していたとして，国税当局から所得隠しを指摘されていたというものである。札幌，仙台両国税局から指摘されたのは，北海道稚内市，釧路市，青森県八戸市，宮城県塩竈市に所在する法人4社で重加算税を含む追徴税額は計約1億5,000万円であった。

　問題は，上記4社は裏金の一部が，タックスヘイブンであるキプロス等，海外の金融機関に作られた法人の名義口座に送金していたことである。ロシアの銀行に振り込むことは避けるのが当然であるが，振込先の銀行がキプロスであったということである。

　当時は，金融口座情報の自動的交換報告制度がなかったことから，このよう

な隠蔽方法が採用されたと思われるが，AEOI が適用になった2017年及び2018年で計100の国及び地域が AEOI を実施しているが，そのうち，51がタックスヘイブンである。キプロスは2017年から，ロシアは2018年から実施している。

　上記３で述べたロシアへの対内直接投資では，AEOI が開始された2018年に約101億ドルロシアへの対内投資が減少している。このことと海外直接投資の因果関係は明らかではないが，ロシアに対してキプロスからの投資が他に比べて多額であることは，その利点について吟味する必要があろう。

9　キルギス

正式国名等	キルギス共和国（Kyrgyz Republic）
地理的位置	中央アジアに所在する共和国
面積・人口	19万8,500 km^2（日本の約半分）・670万人（2022年）
独立等	1991年独立
税制	法人税率10%，金の採掘業法人税０，2017年１月から2022年１月までリース業の法人税率５％
租税条約等	旧ソ連との租税条約
AEOI	不参加
オフショア銀行	0
備考	軽課税国等

10　ジブラルタル

正式国名等	ジブラルタル（Gibraltar）
地理的位置	イベリア半島の最南端に位置する。
面積・人口	6.5 km^2・約３万人
独立等	英国の海外領土
税制	法人税率10%（2021年７月末まで）それ以降12.5%，VAT の課税なし
租税条約等	執行共助条約
AEOI	参加

オフショア銀行	32
備考	特定事業所得軽課税国等

　スペイン政府は2020年12月31日，英領ジブラルタルをめぐる英国との 2 国間交渉で大筋合意に至った。この合意により，ジブラルタルは人の移動に関してはシェンゲン圏（Schengen Area）に入り，スペイン国境での入国審査が撤廃され，ジブラルタル領内の空港や港湾でシェンゲン域外との境界管理が行われる。なお，シェンゲン圏は，1985年に署名されたシェンゲン協定が適用されるヨーロッパの26か国の領域のことで，渡航者が圏内に出入する場合には国境検査を受けるが，圏内における国境を越える際には検査を受けないことになっている。

（要覧：1990）法人税率35％，各種優遇措置（免税法人等）

11　ジャージー

正式国名等	ジャージー（Bailiwick of Jersey）
地理的位置	英仏海峡のチャンネル諸島に位置する英国王室属領
面積・人口	116 km^2・約 9 万5,000人
税制	法人税の基本税率は 0 ％，金融業は税率10％，公益会社の税率は20％，その他同島で生じた所定の特別な所得の税率は20％
租税条約等	租税情報交換協定
AEOI	参加
オフショア銀行	79
備考	全所得軽課税国等　FHTP：2019年 1 月 1 日経済的実体要件導入

12　スイス

正式国名等	スイス連邦（Swiss Confederation）
地理的位置	中央ヨーロッパに位置する連邦共和制国家
面積・人口	4.1万 km^2（九州と同じくらい）・867万人（2020年）

税制	連邦法人税の税率は，株式会社及び協同組合に対して8.5%，州税の比率が高い。持株会社等に対する優遇税制
租税条約等	租税条約
AEOI	参加
オフショア銀行	0
備考	特定事業所得軽課税国等　FHTP：持株会社，支配会社（domiciliary company），準支配会社（mixed company）（廃止）

（1）　スイス税制等の現況

　スイスは，欧州にありながら EU に加盟せず，世界に冠たる金融王国でありその秘密保護ぶりが有名である。税制面では，連邦税の比率が低く，逆に26ある州と市町村の地方税の比率が高く，また，州等によりその税制が異なっている。すなわち，税金の高い州もあれば，各種の優遇措置を講じて企業及び個人を誘致している州もある。その最たるものが，持株会社等に対する優遇税制である。

　このように，独自の制度等を通じて，企業及び富裕層からは高い信頼を得てきたスイスの金融制度及び税制等の特徴が徐々に薄れているのである。本項は，これをスイス税制等の崩壊として，以下では，3つの事項を取り上げる。

（2）　EU 利子所得指令への参加

　2003年6月に EU 利子所得指令（以下「指令」という。）が閣僚理事会において採択され，その後2014年3月24日修正案が出され，2015年11月10日開催の閣僚理事会による廃止が決定している。

　この指令は，個人がその居住地国に預金をせず，EU の他の国に預金を移すことで居住地国の税務当局が利子所得の情報を取得することを回避することが横行したことから，利子所得の支払者である金融機関等に対して預金者の氏名等を公開して，その居住地国の課税当局にその情報を提供することとしたものである。

　スイスは，EU に加盟していないことからこの指令に従う義務はないが，国境等における検査等で，スイス国民を他の EU 加盟国の国民と同様に扱うことを要求し，その見返りとして，この指令に基づき EU 加盟国の国民の預金利子から税金を源泉徴収することを約したのである。この源泉徴収は，留保

（retention）という用語を使用しているが，実質は源泉徴収による所得税の徴収である。その税率は，2005年7月1日から2008年6月30日までの最初の3年間は15％，次の3年間は20％，その後は35％を徴収し，徴収した税額の75％を利子所得者の居住地国に送金され，残りの25％を徴収した国の徴収費用とするものである。この上記の源泉徴収の結果，多くの資金がシンガポール，中東等の銀行に移し替えられるという現象が生じた。これがスイスの金融機関における最初の蹉跌である。

⑶　欧州における FATCA の展開

　2008年に米国において，スイス最大手の銀行である UBS の社員が米国人の顧客に対して脱税のほう助をしたことで起訴された事件を契機に米国は同行に米国人口座情報の提供を要請したが，最終的には，UBS は，2009年8月に4,450口座の所有者名を公表することになった。UBS には5万を超える米国人口座がありながら，その1割も解明されなかったことで米国国内に批判があり，これを受けて法案（H.R.2847：the Hiring Incentives to Restore Employment Act）の一部である「外国口座税務コンプライアンス法（Foreign Account Tax Compliance Act：以下「FATCA」という。）」が2010年3月18日に成立し，2013年1月より施行された。FATCA は，外国金融機関に対して米国人等の口座情報を米国財務省に報告することを規定したものである。

　この FATCA に対して，日本をはじめ多くの国がこれに従うこととしたが，米国人等の銀行口座を多く保有するスイスの銀行の動向が注目されたのである。2013年，スイス下院が上院に続き FATCA の政府間協定を批准したことで，2014年夏ごろから施行されることになった。その背景には，米国において脱税をほう助したとして多額の罰金を科され，それが原因で2013年1月に廃業に至ったスイス最古のプライベートバンクであるウェゲリン（Wegelin）銀行の事件があった。

　ウェゲリン銀行は，米国において脱税をほう助したことに基因して，米国人預金者名の一部を公表したスイス最大手銀行の UBS における混乱に乗じて，UBS の顧客の資産を自行に勧誘し，約12億ドルの資産隠しを行ったとして起訴され，5,780万ドルの資金の返還と罰金を支払うことで米国当局と合意したが結局廃業したのである。結果として，このような事件があったことから，スイス銀行家協会は，過去の脱税ほう助を謝罪し，各国との情報交換に応じるこ

ととなったのである。

　このように，スイスの金融業界は，これまで頑なに守ってきた顧客の秘密保護に風穴が開いたことになるが，これによりスイスの銀行の評価が下がったのかというと，必ずしもそうとはいえないようである。確かに秘密保護の点では，米国の圧力に屈した面はあるが，スイス銀行の資産運用のスキルに対する信頼はなくなっていないようである。

　さらに，2014年5月パリにおいて開催されたOECD閣僚理事会において，各国間において，租税に係る金融情報の自動交換の宣言が採択された。この会議には，非居住者預金を多く持つ国であるスイス，オーストリア，ルクセンブルク，シンガポールが参加している。今回の参加により，スイスの金融機関が通常の国の金融機関と同様になったともいえる。スイスは2018年に初回の情報交換の実施している。

(4)　持株会社等の廃止の検討

　米国企業等は，欧州における税務戦略として，スイスに持株会社等を設立している例が多い。持株会社は，自ら事業活動を行わず他の法人の株式等の管理を目的とし，総資産の3分の2以上が適格投資又は3分の2以上が受取配当等であること等の要件を満たす場合，州税及び市町村民税が免除となる。また，持株会社以外に，支配会社（domiciliary company）と準支配会社（mixed company）は，国外において支配的に事業活動が行われる会社で，スイス国内では小規模な活動のみを行う法人であり，その国外源泉所得に対して州税及び町村民税が大幅に減額される。

　EUは，加盟国が税制上の優遇措置を特定の企業に認めることが市場における競争を歪めるとして，EU法に基づく「国家補助規制」を実施している。

　スイスは2014年に第3次法人税法改正を行い，その主な目的は，持株会社等に対する州が設けている税制優遇措置の廃止である。

　スイスはEU加盟国ではないことから，EUとの間に2014年10月中旬にEU・スイス間で取極めが結ばれている。

　このように，OECDにおける租税回避防止活動，EUにおける「国家補助規制」及び租税回避に係る指令による加盟国の国内法の強化等により，EU非加盟国であるスイスも無風状態に安住する状況ではなく，これまで守ってきた独自の制度がなし崩し的に崩壊し，他国の協調することになった。これまで，ス

イスの税制等を利用して税負担の軽減を図ってきた企業等にとって，新たな税対策が必要になったといえる。

　(5)　在スイス企業の分類

　スイスの資本の多国籍企業グループは約1万弱，外国資本の在スイス多国籍企業数は，約9,000弱と，スイスは，人口が約860万人であるが，対人口比における多国籍企業数は多い。

　2020年12月期の世界の製薬会社売上ランキングでは，第1位ロシュ（スイス），第2位ノバルティス（スイス）である。また，食品のネスレ，保険にチューリッヒ等がある。さらに，非鉄金属及び穀物等を扱うグレンコアは，登記上の本社がジャージーで，実質的にはスイスが本拠という多国籍企業である。

　いずれにせよ，上記4の税制上の優遇措置が消え，最低税率制度が適用になった場合，在スイス多国籍企業はどのような経営戦略を立てるのかが焦点となる。

　(6)　富裕層に対する優遇税制

　スイス銀行といえば世界中の富裕層が資産を預けていることでも知られている。スイスが多くの富裕層から信頼されている理由は，プライベートバンクの守秘義務，信頼性，資産運用の巧みさである。

　「Swiss lump sum taxation」と呼ばれる税制では，外国籍でスイスの居住権を得た者は国外からの収入を一時金として処理することができる。特に Zug, Vaud, Valais, Grisons, Lucerne や Bern といったカントン（日本でいう都道府県）ではこの制度が利用されている。

　この制度を利用することで年間20万スイスフラン～40万スイスフラン（2,300万円～4,600万円）の負担だけで国外所得を免税にできる。ただし，最近では諸外国の圧力から「外国口座税務コンプライアンス法（FACTA）」の政府間協定を米国や EU などと結ばされ，伝統的に世界に名声を轟かせてきた銀行の守秘義務が以前のように強固なものではなくなってきた。また，金融口座情報自動的交換報告制度（AEOI）にも参加していることから，従来のスイス金融機関の強みは資産運用のノウハウだけになったが，スイス政府はビットコインに代表される暗号資産で，スイスはこの暗号資産に活路を見いだすようである。

13　ハンガリー

正式国名等	ハンガリー（Hungary）
地理的位置	中央ヨーロッパの共和国
面積・人口	約9.3万 km^2（日本の約4分の1）・970万人（2021年）
独立等	1946年ハンガリー共和国
税制	法人標準税率9％，デジタルサービス税7.5％
租税条約等	租税条約
AEOI	参加
オフショア銀行	0
備考	業種により付加税が追加される。EU 加盟国（2004年加盟）

（要覧：1990年）法人税率40％

14　ブルガリア

正式国名等	ブルガリア共和国（Republic of Bulgaria）
地理的位置	バルカン半島に位置する共和制国家
面積・人口	11.09万 km^2（日本の約3分の1）・690万人（2021年）
独立等	1946年ブルガリア人民共和国成立
税制	法人税は固定税率で10％
租税条約等	租税条約
AEOI	参加
オフショア銀行	0
備考	軽課税国等，EU 加盟国（2007年加盟）

（要覧：1990年）法人税率40％（外国法人）

15　ボスニア・ヘルツェゴビナ

正式国名等	ボスニア・ヘルツェゴビナ（Bosnia and Herzegovina）
地理的位置	東ヨーロッパのバルカン半島北西部に位置する共和制国家
面積・人口	5.1万 km^2・326.3万人（2021年）

独立等	旧ユーゴスラビアから独立
税制	法人税は固定税率10％，失業率が平均より25％超の地域で製造業を営む場合は免税
AEOI	不参加
オフショア銀行	0
備考	軽課税国等

16　マルタ

正式国名等	マルタ共和国（Republic of Malta）
地理的位置	地中海に浮かぶ島国で，共和国
面積・人口	316 km^2（淡路島の半分）・52万人（2021年）
独立等	1964年英国より独立
税制	法人の基本税率は35％であるが，法人税率の還付制度により法人税5％
租税条約等	執行共助条約
AEOI	参加
オフショア銀行	20
備考	EU加盟国　FHTP：パテントボックス（廃止）

　マルタは正式国名がマルタ共和国で，地中海のイタリアシチリア島の南に浮かぶ島国で，国土面積は淡路島の半分程度，人口は約51万人である。EU加盟国で，税務執行共助条約に参加，金融情報自動化交換制度（AEOI）に参加している。

　法人税率は一律35％であることから，この税率では，タックスヘイブンとはいえないが，この法人税は一般法人であれば約86％が還付となり，実質5％程度の法人税率の適用と同様になる。この還付方式であるが，マルタ法人S社の株主がマルタの親法人P社の場合，S社の課税所得が10,000EURで法人税額3,500EUR，S社からP社への配当が6,500EURとすると，納付した税額の6/7である3,000ドルがタックスクレジットとしてP社の配当に帰属する。P社は，6,500EURと3,000EURを受け取るが，この配当への課税はない。要するに，

1972年から1999年まで英国において採用されていたインピュテーション方式が
マルタで採用されているということである。

　また，個人の場合，マルタに居住権を持つ外国人の場合，国外で取得した所
得に対する所得税の課税はなく，マルタ国内源泉所得のみが最高税率35%の課
税となる。相続税，贈与税，富裕税の課税もなく，国外所得に対する優遇税制
を受けるためには，40万ユーロ（5,400万円）以上の不動産を購入するか年間2
万ユーロ（270万円）以上の家賃の部屋を借りる必要がある。この外国人に対
する優遇税制は，スイスの一部の州で実施されている「Swiss lump sum
taxation」と同様の内容であるが，スイスではこの税制を廃止する動きがある。

　2017年10月16日，政治家の腐敗を厳しく追及してきた地元の記者，ダフネ・
カルアナガリチア氏（53）の運転する車が爆発され，カルアナガリチア氏は死
亡した。カルアナガリチア氏は，世界各国の首脳などの資金隠しや課税逃れを
暴いた「パナマ文書」の調査報道で，マルタのムスカット首相の妻が資金を隠
していた疑惑なども報じていた。

17　マン島

正式国名等	マン島（Isle of Man）
地理的位置	グレートブリテン島とアイルランドに囲まれたアイリッシュ海の中央に位置する島
面積・人口	572 km^2・約8万6,000人
独立等	英国の王室属領
税制	法人税の基本税率は0%，金融業は税率10%，公益会社の税率は20%，その他同島で生じた所定の所得の税率は20%，源泉徴収なし
租税条約等	租税情報交換協定
AEOI	参加
オフショア銀行	67
備考	全所得軽課税国等　FHTP：2019年1月1日経済的実体要件導入

⑴　英国とタックスヘイブン

　日本と EU の経済面における関係では，日本・EU 経済連携協定（日欧
EPA）が2019年 2 月 1 日に発効した。これとは別に，EU からの英国の離脱
（Brexit）の関連で，日英自由貿易協定が，2020年10月23日に署名された。
Brexit に関しては，先行き不透明な部分があり，英国の EU 離脱後の事態を予
測するのは難しい。しかし，金融・税務分野で明らかなことがある。1 つは，
ロンドン金融市場の影響力は残るということ，第 2 は，英国が有しているタッ
クスヘイブンが存続するということである。特に，後者の分野は，Brexit の有
無にかかわらず，今後も税務の分野において論議を呼ぶ事項である。

　英国が国際税務の領域において潜在的な影響力を有している理由の 1 つは，
主要なタックスヘイブンが英国の海外領土であるからである。具体的には，カ
リブ海にあるケイマン諸島，英領バージン諸島，大西洋のバミューダが，多国
籍企業により多く活用されている地域であり，これらは自治権を有して，独自
に税制を定めると共に，近年は，先進諸国と情報交換協定を締結して税務情報
の交換を行っている。これらの地域以外では，英国海外領土から独立したバハ
マ，欧州地域にある英国の海外領土であるジブラルタル等がある。以上，これ
らを「海外領土のタックスヘイブン」とする。

　また，これらとは別に，英国周辺には王室属領（the Crown Dependencies）
があり，マン島，チャンネル諸島のガーンジー，ジャージー等が含まれる。こ
れらの王室属領も近年，先進諸国と情報交換協定を締結する等の情報交換分野
における進展はあるが，王室属領となったのには歴史的経緯があり，その強固
な自治権が壁となり，その独自性をなくすことは難しい。これらを「王室属領
のタックスヘイブン」として，「海外領土のタックスヘイブン」とは区分する。

⑵　英国と王室属領の関係

　国籍と入国管理については，1981年制定の英国国籍法によれば，マン島，チ
ャンネル諸島の住民には英国市民権が与えられ，パスポートもこれらの地域で
は共通である。パスポートの発行権限はこれらの地域の副総統にある。マン島，
チャンネル諸島，アイルランドは，英国との間に入国管理はない。

　王室属領の立法は，それぞれ独自に行うことができ，国王の裁可等を要する。

　王室属領は国際的に独立国家と認識されていないが，英国が責任を持ってい
る領土とされている。王室属領は国際条約に直接署名することはできないが，

英国の承認等（英国政府の大臣の署名と王室属領に対する委任書）を条件に権限が与えられた場合，特別な条約（税務情報交換協定等）により署名することができる。

　日本は，これらの地域と通常の租税条約を締結しておらず，これらの地域には日英租税条約の適用もないが，以下のような情報交換協定が締結されている。

　①　2011年6月署名：マン島情報交換協定（2011年9月発効）
　②　2011年12月署名：ジャージー租税協定（2013年8月発効）
　③　2011年12月署名：ガーンジー租税協定署名（2013年7月発効）

（3）EU との関係

　王室属領は EU に加盟しておらず，英国の EC 加盟条約（UK's Treaty of Accession）の議定書3に規定がある。議定書3では，王室属領は EU の関税領域内であることから，農産品等に関税は課されない。Brexit の場合，この議定書3は無効になるが，このことは今後の協議となる。いずれにせよ，王室属領は，EU との関連を無視して独立性を保つことはできないということである。

　2013年以降，欧州委員会が取り組んでいる加盟国による租税優遇措置を国家補助として規制する活動から，王室属領が適用外となっていることから，EU から脱出する企業にとって格好の場所ということになる。そのことから，Brexit の有無にかかわらず，EU の租税に関する文書（EU tax instruments）は王室属領に適用されないことになっているが，EU から実態のない事業体に対する規制が強化されている。

（4）3つの圧力

　第1に，バミューダ，ケイマン諸島，ガーンジー，マン島，ジャージー，バヌアツは，EU からの規制により2018年までに経済的実体に関する法改正をすることを促された。これは，これらの国等を通じて事業を行う居住者である事業体に対して，経済的な実体の存在を要求したものである。その理由としては，現地で実体のない事業体（いわゆるペーパー会社等）が多額の利益を取得するという利益の均衡のとれないリスクが増加しているということである。

　第2は，脱税及び租税回避の防止を目的とした金融口座情報自動的交換報告制度（AEOI）が創設された。AEOI は，OECD 租税委員会が2014年2月に公表した共通報告基準（Common Reporting Standard）に基づいて非居住者の金融口座情報をその者の居住地国の税務当局に通知し，逆に，外国所在の金融

機関から居住者の金融口座情報の提供を受けるものである。王室属領はいずれ
も AEOI には参加していることから，前述した情報交換協定とは別に，王室属
領の金融機関が所有する金融口座情報は，その口座の所有者の居住地国に通知
されることになる。結果として，これまで王室属領への投資の誘因であった秘
密保護という利点は希薄になったといえる。

　第 3 は，2015年財政法により英国が創設した迂回利益税（Diverted Profits
Tax：以下「DPT」という。）の影響である。DPT は，人為的な租税取決め或
いは関連者間の人為的な課税取決めにより英国の租税を回避するために利益を
迂回する英国において事業活動を行う所定の大規模企業に対して25％の税率
（英国の法人税率19％）で課税するものである。

　王室属領は軽課税の地域であることから，英国の利益を迂回してこれらの地
域にある事業体に所得を帰属させる仕組取引は想定できるものである。DPT
は国内法であるが，英国と密接な関係にある王室属領にとっては経済的にマイ
ナス要因である。

18　モナコ

正式国名等	モナコ公国（Principality of Monaco）
地理的位置	地中海沿岸の立憲君主制都市国家
面積・人口	2.02 km^2・38,650人（2020年）
独立等	
税制	所得税の課税なし。税収の半分は付加価値税で，法人税はフランスと同じ25％であるが，売上の25％以上を国外で取得している法人が対象であり，モナコ国内で所得を得ている法人は課税対象外である。
租税条約等	執行共助条約
AEOI	参加
オフショア銀行	0
備考	全所得軽課税国等

　モナコとフランスは租税条約を締結しているが，条約による限度税率の適用
はない。

　モナコは所得税 0 ％，相続税 0 ％，贈与税 0 ％のタックスヘイブンとして知られている。モナコ居住者のうちモナコ人は16%ほどしかいない。

　モナコ居住の条件としては現地の銀行に口座を開設し資産の証明をすること。少なくとも50万ユーロ（約6,700万円）の残高が必要になる。居住の証明も必要になる。

19　モルドバ

正式国名等	モルドバ共和国（Republic of Moldova）
地理的位置	東ヨーロッパに位置する共和制国家
面積・人口	3 万3,843 km^2（九州よりやや小さい）・259.7万人（2021年）
独立等	1991年共和国宣言（旧ソ連）
税制	法人税率12%（2012年以降，それ以前は 0 ）
租税条約等	租税条約（旧ソ連）
AEOI	参加
オフショア銀行	0
備考	軽課税国等

20　モンテネグロ

正式国名等	モンテネグロ（Montenegro）
地理的位置	バルカン半島に位置する共和制国家
面積・人口	13,812 km^2（福島県とほぼ同じ）・62万人
独立等	2006年モンテネグロとして独立
税制	法人税率 9 ％（10万ユーロ），12%（10万ユーロ超〜150万ユーロ），150万ユーロ超15%
AEOI	参加
オフショア銀行	0
備考	軽課税国等

21　ラトビア

正式国名等	ラトビア共和国（Republic of Latvia）
地理的位置	バルト三国
面積・人口	6.5万 km^2（日本の6分の1）・189万人（2021年）
独立等	1990年旧ソ連より独立
税制	法人税率20%，経済特区等への投資の場合，法人所得80%減額等
租税条約等	2017年発効
AEOI	参加
オフショア銀行	0
備考	EU加盟国

22　リヒテンシュタイン

正式国名等	リヒテンシュタイン公国（Principality of Liechtenstein）
地理的位置	西ヨーロッパの中央部に位置する国である。
面積・人口	160 km^2（小豆島にほぼ相当）・39,062人（2020年）
独立等	1806年
税制	法人税率は12.5%，所得税，相続税，贈与税はない
租税条約等	租税情報交換協定
AEOI	参加
オフショア銀行	11
備考	全所得軽課税国等

(1)　リヒテンシュタインの税制

法人税率：	12.5%
外国法人支店税：	12.5%
源泉徴収：	配当0%，利子0%，使用料0%
支店送金税：	なし

| 付加価値税： | 8 ％（標準税率） |
| 個人所得税： | 最高税率21％　FHTP：知財ボックス（廃止） |

(2)　リヒテンシュタイン・リークス

　2006年にリヒテンシュタインの銀行（LGT）からの情報が持ち出され，この資料に基づいてドイツ等において脱税の摘発があった。この持ち出された資料は，関係各国に通知され，日本では，同国にあった預金が相続税の申告漏れということで新聞報道された。

(3)　英国が2009年から開始している LDF（Liechtenstein Disclosure Facility）プログラム

　英国は，リヒテンシュタインと2009年 8 月11日に情報交換協定と情報交換等の協力に関する覚書（以下「覚書」という。）に署名した。

　両国間における覚書の締結は，英国だけがリヒテンシュタインと 1 件別に情報交換を行うのではなく，リヒテンシュタイン側も 5 年間にわたり納税義務者への援助と申告水準向上を行うというものである。具体的には，リヒテンシュタインが同国にある金融機関に口座を持つ英国の者について，利益を実際に享受する者及びその関連者の本人確認等を行うということである。したがって，海外に金融口座を持つ者の居住地国が片務的に Tax Amnesty を行うというのではなく，この覚書は，金融口座の所在地国が口座の実質的な所有者の確認等に協力するという新しい情報交換のあり方を示したものといえる。

　英国国税庁（HMRC）は，覚書に関する処理の受け皿として，この情報交換協定署名と同時に，LDF を公表した。

　LDF は，実施期間が2009年 9 月 1 日から2015年 3 月31日までの間で，その対象者は，英国の納税義務者でリヒテンシュタインに銀行口座，法人等の財産を所有している者である。英国課税当局は，申告未済分に10％（通常は最高100％，その財産の所在を知らなかった場合は 0 ％）の定率の加算税を課すこととし，遡及は10年（1999年 4 月 1 日から2009年 4 月 5 日まで）である。また，すべてが漏れなく修正された場合は脱税による起訴はなく，2009年当時，英国課税当局は，LDF の利用者は1,200名程度を見込んでいた。

　LDF が施行された背景には，英国とリヒテンシュタインの間に情報交換協定と覚書が締結されたことで，リヒテンシュタインの銀行に預金口座等を所有

する英国居住者が税務当局の把握することとなるのは時間の問題であるという
認識ができたことである。

　なお，Tax Amnesty（税の恩赦）は，近年，各国において実施されている政
策である。その内容は，税務当局が，納税義務者の過去の納税義務の一部を免
除し，脱税による訴追等を行わず，定められた期間内に過去の税額の納付を促
すために，加算税等を軽減して課す制度である。例えば，納税義務者が海外で
取得した所得を海外の銀行に預金して自己の確定申告に反映させていなかった
とする。税務当局は，海外の銀行からの税務情報を入手できる状態になった場
合，海外口座の資金の源泉となった所得を自主的に申告されるために Tax
Amnesty が実施される。納税義務者にとっては，本来納付すべきであった過
去の税額の一部を免除されること，脱税による起訴から免れること及び加算税
等が減額されること等のメリットがある。

23　ルクセンブルク

正式国名等	ルクセンブルク大公国（Grand Duchy of Luxembourg）
地理的位置	西ヨーロッパに位置する議会立憲君主制大公国家
面積・人口	2,586 km^2・634,730人（2021年）
独立等	
税制	法人税基本税率17%（20万ユーロ超），持株会社等の優遇税制
租税条約等	租税条約
AEOI	参加
オフショア銀行	221
備考	特定事業所得軽課税国等，EU 加盟国　FHTP：家族資産管理会社（有害なし），知財ボックス（廃止）

（1）　ルクセンブルク・米国租税条約の概要

　ルクセンブルク・米国租税条約の第１次条約は，1962年に締結されている。
現行の第２次条約（以下「本条約」という。）は，1996年４月３日に署名，2000
年12月20日発効で，2001年１月から適用が開始されている。2016年６月22日に
両国は欧州マクドナルド事案において生じた二重非課税の状況を改めるための

条約改正に合意している。なお，本条約では，使用料は免税となっている。

(2)　欧州委員会の欧州マクドナルドへの調査

EU の欧州委員会は，EU 機能条約第107条第 1 項に規定する国家補助規制を適用して，税務当局から特別な優遇措置を受けて税負担の軽減がある場合，これを国家補助として規制し，その優遇措置相当額を当該国に返還するように指令を出している。

この国家補助規制の対象となったので，外食産業における規模では，第 1 位がマクドナルド（以下「M社」という。），第 2 位がスターバックスである。後者については，オランダにおけるいわゆるアムステルダム・ストラクチャーといわれる租税戦略が欧州委員会において国家補助と認定されている。

これに対して，2018年 9 月に，欧州委員会は。ルクセンブルクによるM社へのタックスルーリング（TR）が国家補助に当たらないという決定を下している。

イ　調査開始時の状況

ルクセンブルク政府からM社の欧州営業権（McDonald's Europe Franchising：：以下「MEF」という。）に対する2009年の 2 つの TR により，MEFは，2013年に2.5億ユーロを超える利益でありながら税の支払いがない。この利益は，MFE 及びロシアにある店舗からの使用料である。ルクセンブルク本部（head office）は，戦略的な意思決定の責任があるが，スイス支店（営業権に関して限定的な活動を行う。）と米国支店（実際の活動なし）で，使用料は，スイス支店等を経由して米国支店に移転した。

欧州委員会が注目したのは第 2 の TR で，MFE は，ルクセンブルクと米国の双方で法人税を納付しないことを認めたものである。

第 1 の TR（2009年 3 月発遣）では，MEF の利益は米国で課税を受けるべきものであることを理由にルクセンブルクで法人税の課税はないことを確認している。その根拠は，ルクセンブルク・米国租税条約である。ルクセンブルクからの使用料は，スイスと米国で課税となる。

しかし，第 1 の TR にあるルクセンブルク当局の見解に反して，この利益は米国で課税にならなかった。

2009年 9 月に発遣した第 2 の TR では，ルクセンブルクで米国において課税とならない利益を免税とするとした。この TR では，M社は利益が米国で課税

にならないことを証明する必要がないとした。

　理由としては，MEF の米国支店はルクセンブルク税法では，恒久的施設（PE）であり，米国における実際の存在を示す活動をしていると理解された。同時に，米国税法では，米国支店は PE でないとされた。その理由は，当該支店が米国において事業活動を行っていないからである。結果として，ルクセンブルク当局は，利益は米国で課税されると認識し，米国はそう認識していなかった。

　ロ　調査結果の内容

　MEF は，欧州，ウクライナ，ロシアで活動するフランチャイズ店からの使用料を受け取り，フランチャイズの権利を有するスイス支店を設立して，当支店を経由して使用料を米国支店に移転していた。

　欧州委員会の調査は，ルクセンブルク当局が，国内法及び対米国条約の規定を差別的に制限し，かつ，M社に対して同じ課税ルールの適用が見込まれる他の企業では利用できない優遇措置を与えたかを評価した。特に，欧州委員会は対米条約における双方で課税ないという結果に反論できなかった。

　2018年 6 月にルクセンブルク政府は，BEPS の勧告に従ってこのような双方の国で無税となる事態を防ぐ改正案を提示した。

　⑶　本条約の適用関係

　本条約は，欧州マクドナルドの課税関係への適用があるが，適用条文は第25条（二重課税の排除）である。この事案における事実関係は，ルクセンブルク居住法人が，米国に支店を有する場合の本条約の適用を含めた課税関係である。

　イ　ルクセンブルク側の課税

　ルクセンブルク居住法人は，原則として，外国支店の所得を含めた全世界所得が居住地国で課税となる。しかし，租税条約の適用となる場合，ルクセンブルクは，基本的に，PE に帰属する所得に関してその所在地国（上記事例では米国）の課税権を優先して，国外所得免税方式を適用している。

　ロ　米国側の課税

　米国は，同国所在の PE を通じて事業を行う場合課税とするが，そうでない場合は課税とならない。結果として，二重不課税という事態が生じる。

　ハ　二重不課税対策

　2016年米国モデル租税条約には以下のような二重不課税対策が講じられ，こ

れと同様の規定が上記の本条約改正案に規定されている。

　一方の締約国の企業が他方の締約国から所得を得た場合で，一方の締約国が当該所得を他方の締約国外に所在する恒久的施設に帰属すると扱う場合，この条約の便益は次に掲げる場合，当該所得に適用されない。

① 　恒久的施設に帰属するとして扱われる利益に対して，一方の締約国と恒久的施設の所在地国の合計した実効税率が15％或いは居住地国の法定法人税率の60％のいずれか低い率未満の場合

② 　PE が所在する第三国が，源泉地国となる締約国と租税条約の便益を請求できる租税条約を締結していない場合であるが，居住地国が PE に帰属する所得を課税ベースに含める場合は，この限りではない。

(4) 　小括

　MEF をめぐるM社の租税戦略は，ルクセンブルクの国内法と対米国条約の適用をすることで，二重不課税という事態が生じることを利用した租税回避手法であるが，このループホールも改正案等により適用ができなくなるものと思われる。

(5) 　ルクセンブルクの法人税等

法人税	① 　法人税の基本税率（課税所得金額が200，001ユーロ以上の場合の税率）は17％，雇用基金に支払われる付加税が法人税率の7％（付加税17％×7％＝1.19％，法人税に付加税を合算して18.19％），市町村税としての事業税の税率は市町村により異なるが，平均して7.5％（ルクセンブルク市は6.75％）で，ルクセンブルク市の場合法人に対する実効税率は24.94％である。 ② 　2010年まで有効であった持株会社とは別に，課税は免除されないが，資本参加免税等を活用できる金融持株会社（Soparfi）は存続している。この資本参加免税は，所定の要件（株式所有割合10％以上又は出資額が120万ユーロ以上，12か月連続保有等）を満たす場合，子会社等からの受取配当，株式譲渡益等及び源泉徴収の課税を免除するというものである。
源泉徴収	配当については，原則として居住者或いは非居住者のいずれの場合であっても15％の源泉徴収があるが，免税となる場合もある。また，利子については，原則として，源泉徴収課税はない。

キャピタルゲイン税	キャピタルゲイン（又はロス）は，一般に，他の事業所得に含まれ課税されるが，特定の固定資産の交換等の場合，課税繰延べが認められる。また，株式の譲渡益については免税規定がある。
付加価値税	付加価値税の基本税率は17％，軽減税率として３％，８％，14％がある。2018年には，付加価値税の連結納税制度（VAT グループ税制）が導入された。

(6)　会計基準

原則国際的財務報告基準（IFRS）は，2010年に導入されている。

(7)　ルクセンブルク・リークス

「パナマ文書」ほど有名ではないが，2017年10月に EU の欧州委員会は，ルクセンブルク政府にアマゾンが同国において受けた優遇措置の税額約330億円を追徴する命令を出したことである。この背景には，ルクセンブルク・リークス事件というものがあり，大手会計事務所からルクセンブルクにおける税務上の優遇措置を受けて租税回避をした法人等の資料が流出したことで生じたものである。この事件の顛末は以下のとおりである。

2002年〜2010年	世界の有力企業340社（ペプシ，IKEA，FedEx，アマゾン等）に対してルクセンブルクが低い税制を設けて自国の税収を増やしたと問題視された。
2014年10月	欧州委員会は，米アマゾンがルクセンブルク税制を利用した件について本格的な調査に踏み切った。同様の調査はすでに，アップルやスターバックス等へも拡大した。
2014年11月	国際調査報道ジャーナリスト連合（ICIJ）は11月５日に約340社の多国籍企業が，ルクセンブルクから内密で法人税率の優遇措置受けていたことを報道した。この資料は大手会計事務所から流出したもので，文書は２万8000頁あった。
2015年１月	EU の執行機関である欧州委員会は１月16日公表の文書で，米アマゾン社に対してルクセンブルクが適用した税優遇措置は国の補助金に該当し，合法性に疑問があるとの判断を示した。
2015年１月	欧州委員会は，ルクセンブルクと伊フィアット社，アイルランド政府とアップル，オランダ政府とスターバックス社による取決めにも調査を進めた。
2015年３月	欧州委員会は租税回避対策として税制透明化法案を提示した。

2017年10月	欧州委員会は，ルクセンブルク政府にアマゾンが同国において受けた優遇措置の税額約325億円を追徴する命令を出した。

(8) EU の国家補助規制とルクセンブルク

2017年10月 4 日付の欧州委員会のアマゾンに対する決定文書の概要は次のとおりである。

決定対象企業	アマゾン（Amazon グループ）
タックス・ルーリングの有効期間	2003年～2011年（アマゾンの事業年度2006年～2014年）
請求金額	2 億 5 千万ユーロ（邦貨：約325億円，@130円）

この決定を受けて，ルクセンブルクとアマゾンは欧州司法裁判所に提訴した。アマゾン以外にルクセンブルクは，欧州委員会から次のような国家補助規制の決定を受けている。EU がアマゾンへの追徴課税を求めていた問題で，EU の一般裁判所は2021年 5 月12日，アマゾンの訴えを支持する判断を下した。

請求加盟国名	対象企業名等	決定日	返還請求額
ルクセンブルク	ENGIE	2018年 6 月	1 億2,000万ユーロ
ルクセンブルク	Fiat	2015年10月	同上

❷　法人税率20%以下の国

24　アルバニア

正式国名等	アルバニア共和国（Republic of Albania）
地理的位置	バルカン半島西部
面積・人口	約 2 万8,700 km²（四国の約1.5倍）・284万人（2021年）
独立等	1912年オスマントルコから独立
税制	法人税率18%
AEOI	非参加

25　エストニア

正式国名等	エストニア共和国（Republic of Estonia）
地理的位置	バルト三国
面積・人口	4.5万 km^2（日本の約 9 分の 1 ）・133万人（2021年）
独立等	1991年
税制	法人税率20％
租税条約等	租税条約
AEOI	参加

　バルト三国には，エストニアの他にラトビアとリトアニアがある。リトアニアは，第二次世界大戦中にユダヤ系の人々にパスポートを発行した杉原千畝氏の功績で知られているが，ラトビア及びエストニアとはこれまで特に目立った出来事はない。

　バルト三国は，1940年に旧ソ連に併合され，旧ソ連の崩壊の際に，旧ソ連の国々からは離れて独自路線を選択して独立した経緯がある。エストニアと日本との貿易は，対日輸出が7,965万ドル（木材・ログハウス，機械類，乳製品，サーディン缶詰等）で，日本からの輸入は，2,584万ドル（機械類，自動車・同部品等）である。

　このエストニアと日本は，租税条約を締結しており，交渉開始が2016年 8 月，署名が2017年 8 月，発効が18年 9 月である。同時期には，バルト三国であるラトビアとの租税条約は17年 1 月に署名，同年 7 月発効，また，リトアニアとの租税条約は2017年 7 月署名，2018年 8 月発効ということで，エストニアとの租税条約をもってバルト三国との租税条約がすべて終了したことになる。租税条約の面では，旧ソ連の国々が，日ソ租税条約を引き続き適用したのに対して，バルト三国は，日ソ租税条約の適用を拒否している。その結果，日本は，改めてバルト三国と租税条約を締結したのである。

　エストニアの法人税制は，居住法人及び非居住法人共に，その所得及びキャピタルゲインに課税されないという変則的な内容である。課税は配当等として社外流出する際に，その金額に20％の税率が適用となる。

26　クロアチア

正式国名等	クロアチア共和国（Republic of Croatia）
地理的位置	旧ユーゴスラビア
面積・人口	5万6,594 km^2（九州の約1.5倍）・387.1万人（2021年）
独立等	1991年
税制	法人税率18%
租税条約等	租税条約
AEOI	参加

27　コソボ

正式国名等	コソボ共和国（Republic of Kosovo）
地理的位置	旧ユーゴスラビア
面積・人口	1万908 km^2（岐阜県に相当）・179万人（2021年）
独立等	2008年独立
税制	法人税率10%
AEOI	不参加

28　スロベニア

正式国名等	スロベニア共和国（Republic of Slovenia）
地理的位置	旧ユーゴスラビア
面積・人口	2万273 km^2（四国とほぼ同じ）・約210万人（2020年）
独立等	1991年
税制	法人税率19%，限定の投資ファンド等0%
租税条約等	租税条約
AEOI	参加

29　セルビア

正式国名等	セルビア共和国（Republic of Serbia）
地理的位置	旧ユーゴスラビア
面積・人口	7万7,474 km^2（北海道とほぼ同じ）・693万人（2020年）
独立等	2006年セルビア共和国
税制	法人税率15%
租税条約等	執行共助条約
AEOI	参加（適用開始未定）

30　チェコ

正式国名等	チェコ共和国（Czech Republic）
地理的位置	中央ヨーロッパ
面積・人口	7万8,866 km^2（日本の約5分の1）・1051万人（2022年）
独立等	1993年スロバキアと分離独立
税制	法人税率19%
租税条約等	旧チェコスロバキア条約の適用
AEOI	参加

（要覧：1990年）法人税率最高55%

31　フェロー諸島

正式国名等	フェロー諸島（Faroe Islands）
地理的位置	北大西洋
面積・人口	1,398.85 km^2・5万2,337人
独立等	デンマークの自治領
税制	法人税率18%
租税条約等	日本・デンマーク租税条約では，グリーンランドとフェロー諸島は地理的範囲から除かれている。

備考	フェロー諸島は EU の領域に含まれておらず，また居住する住民がデンマーク国籍を有していても，条約において加盟国の国民とみなされてはおらず，そのため EU の市民とはされない。しかしフェロー諸島の住民が EU 領域内に入ると EU の市民権が認められるようになり，移動の自由に関する権利を行使することができ，フェロー諸島の住民という扱いを受けなくなる。

32　ベルギー

正式国名等	ベルギー王国（Kingdom of Belgium）
地理的位置	ベネルクス三国
面積・人口	3 万528 km^2（日本の約12分の 1 ）・1,152万人（2021年）
独立等	1830年独立宣言
税制	法人税率25％
租税条約等	租税条約
AEOI	参加

（要覧：1990年）法人税率41％

（1）　みなし利子控除

　ベルギーの法人税の一般税率は，2018年 1 月 1 日以後開始年度より従来の33％から29％に引き下げられ，また付加税も 3 ％から 2 ％とされたが，実効税率は29.58％と依然として高率であった。しかし，2020年 1 月 1 日以後開始年度より25％に切り下げて，付加税は廃止された。

　ベルギーの競争相手であるオランダの2021年の法人税率は21.7％で，ベルギーよりも低い。しかし，ベルギーは，みなし利子控除（Notional Interest Deduction）という制度があり，ベルギー法人及びベルギー国内に支店等の恒久的施設又は不動産を有する外国法人は，税法上では，事業活動に使用する資本を借り入れたものとみなしてその利息相当額の損金算入を認めるものであり，ベルギー法人税の対象となるすべてのベルギー法人及び外国法人に適用されている。

　上記以外に，パテントボックス制度，資本参加免税等の租税上の優遇措置を利用すると，実効税率が下がる仕組みになっている。

⑵　地域統括本部（coordination center）等の租税優遇措置

　地域統括本部に係る税制は，ベルギーにおける租税優遇措置の１つである。この他に，サービス・センター，ディストリビューション・センター等に対する租税優遇措置がある。地域統括本部は，多国籍企業グループ各社のために販売促進，金融財務及びその他の管理事務のサービスを提供する法人である。サービス・センターは，多国籍企業グループ各社のために第三者に対して情報提供等一定のサービスを行う法人である。ディストリビューション・センターは，製品の製造及び組立を除き，多国籍企業グループ各社のために製品及び原材料等の購入，保管，管理，発送等を行う法人である。これらの法人は，所定の原価等に一定の利益率を加えて課税所得を算定する方式であったが，2003年２月17日に地域統括本部の租税優遇措置を欧州委員会がEU法に違反する国家補助であると判断したことで，ベルギーは新規則を制定することになり，租税優遇措置としての役割は減少しているといえる。

33　ポーランド

正式国名等	ポーランド共和国（Republic of Poland）
地理的位置	中央ヨーロッパ
面積・人口	32.2万 km²（日本の約５分の４，日本から九州，四国を引いた程度）・3,801万人（2022年）
独立等	1918年独立回復，1989年非社会主義政権の成立
税制	法人税率19%
租税条約等	租税条約
AEOI	参加

（要覧：1990年）法人税率40%，外国法人税率50%

34　リトアニア

正式国名等	リトアニア共和国（Republic of Lithuania）
地理的位置	バルト三国
面積・人口	6.5万 km²・281.1万人（2021年）

独立等	1991年
税制	法人税率15%
租税条約等	租税条約
AEOI	参加

35　ルーマニア

正式国名等	ルーマニア（Romania）
地理的位置	東欧
面積・人口	約23.8万 km^2（本州とほぼ同じ）・1,903万人（2022年）
独立等	1989年政変により共産党一党独裁を廃止し，国名をルーマニアに改称
税制	法人税率16%
租税条約等	租税条約
AEOI	参加

（要覧：1990年）法人税率42%

❸　旧ソ連諸国で法人税率20%未満の国

1　旧ソ連の地域別区分

　地域別に分けるとロシアを除く旧ソ連の国々は，次のように分けることができる。

（中央アジア地域）ウズベキスタン，カザフスタン，キルギス，タジキスタン，トルクメニスタン

（南コーカサス地域）アゼルバイジャン，アルメニア，ジョージア

（東欧地域）ウクライナ，ベラルーシ，モルドバ

2　アルメニア

正式国名等	アルメニア共和国（Republic of Armenia）

地理的位置	南コーカサス
面積・人口	2万9,800 km^2（日本の約13分の1）・300万人（2021年）
独立等	1991年
税制	法人税率18%
租税条約等	旧ソ連租税条約
AEOI	参加（未執行）

3　ジョージア

正式国名等	ジョージア（Georgia）
地理的位置	南コーカサス地域
面積・人口	6万9,700 km^2（日本の約5分の1）・400万人（2022年）
独立等	1991年独立宣言
税制	法人税率15%
租税条約等	旧ソ連租税条約，執行共助条約
AEOI	参加

4　トルクメニスタン

正式国名等	トルクメニスタン（Turkmenistan）
地理的位置	中央アジア
面積・人口	48万8,000 km^2（日本の1.3倍）・620万人（2022年）
独立等	1991年
税制	内国法人法人税率8％，外国法人は20%
租税条約等	旧ソ連租税条約
AEOI	不参加

❹ その他

1 サンマリノ

正式国名等	サンマリノ共和国（Republic of San Marino）
地理的位置	イタリア中部
面積・人口	61.2 km² ・33,614人（2022年）
独立等	1862年
税制	法人税率17%
租税条約等	執行共助条約
AEOI	参加

2 カーボベルデ

正式国名等	カーボベルデ共和国（Republic of Cabo Verde）
地理的位置	大西洋の中央，北西アフリカの西沖合いのマカロネシアに位置するバルラヴェント諸島とソタヴェント諸島からなる共和制の国家
面積・人口	4,033 km²（日本の滋賀県程度）・56.2万人（2021年）
独立等	1975年ポルトガルより独立
税制	法人税22%＋2%付加税
備考	OECD の FHTP のリストに掲載

VI

アフリカ・中東・インド洋のタックスヘイブン

タックスヘイブン

1　アラブ首長国連邦

正式国名等	アラブ首長国連邦（United Arab Emirates：UAE）
地理的位置	7つの首長国からなる連邦制国家。首都はアブダビ市
面積・人口	8万3,600 km^2・989万人（2020年）
独立等	1971年12月，アブダビ及びドバイを中心とする6首長国（翌年2月ラアス・ル・ハイマ首長国が参加）が統合してアラブ首長国連邦を結成した。
税制	UAEでは基本的に法人税が徴収されないが，ドバイ，アブダビ，シャルジャの3首長国では，課税制度（法令）は存在している。法令上は累進課税がとられており，法人所得が100万ディルハム未満の場合は非課税，100万ディルハム以上からは課税され，500万ディルハム以上では税率55％となっている。しかしながら，現在までこの法令は施行されておらず，課税対象となっているのは外国銀行支店と石油・ガス・石油化学会社のみである。ただし現在，法人税の課税対象の拡大が検討されている。
租税条約等	日本との租税条約有
AEOI	参加
オフショア銀行	0
備考	2023年より連邦法人税9％導入予定　FHTP：2019年1月1日経済的実体要件導入

　ドバイはアラブ首長国連邦の首長国の1つで，早くから外資の投資を招き入れ街の近代化を推進してきた。ドバイの節税方法は，会社を設立して住民カードを取得する。次の条件として6か月に1日はドバイに居住する必要がある。ドバイの居住権を手に入れたことになり税金が無料になる。

2　クウェート

正式国名等	クウェート国（State of Kuwait）
地理的位置	アラビア半島

面積・人口	1万7,818 km^2（四国とほぼ同じ）・446万人（2022年）
独立等	1961年英国より独立
税制	法人税率15%
租税条約等	租税条約
AEOI	参加

(注) 1990年8月2日，イラクのクウェート侵攻から始まった戦争（湾岸戦争）

3　オマーン

正式国名等	オマーン国（Sultanate of Oman）
地理的位置	アラビア半島
面積・人口	約30万9,500 km^2（日本の約85%）・459万人（2022年）
独立等	1971年英国保護領より独立
税制	法人税率15%
租税条約等	租税条約
AEOI	参加

4　カタール

正式国名等	カタール国（State of Qatar）
地理的位置	アラビア半島東部のカタール半島
面積・人口	1万1,427 km^2（秋田県よりもやや狭い面積に相当）・約280万人（2020年）
独立等	1971年独立
税制	法人税率10%
租税条約等	租税条約
AEOI	参加
オフショア銀行	0
備考	軽課税国等，国家収入の大半が石油収入

5　コモロ

正式国名等	コモロ連合（Union of Comoros）
地理的位置	コモロ連合は，マダガスカルの近隣で，グランドコモロ島，アンジュアン島及びモヘリ島から構成され，コモロ諸島のマイヨット島は仏領土となった。
面積・人口	2,236 km^2（ほぼ東京都と同じ，仏領マイヨット島を除くと1,862 km^2）・89万人（2021年）
独立等	1975年コモロ連合
税制	IBC 免税
AEOI	不参加
オフショア銀行	0

6　ジブチ

正式国名等	ジブチ共和国（Republic of Djibouti）
地理的位置	アフリカ北東部に位置する共和制国家
面積・人口	2万3,200 km^2（四国の約1.3倍）・100.2万人（2021年）
独立等	1977年フランスより独立
税制	法人税率25%，非居住者課税なし
AEOI	不参加
オフショア銀行	0
備考	全所得軽課税国等

7　セントヘレナ

正式国名等	セントヘレナ（Saint Helena）
地理的位置	南大西洋に浮かぶ英領の火山島。アフリカ大陸から2,800 km離れた孤島
面積・人口	122 km^2・4,255人
独立等	英国の海外領土

税制	法人税15%，10%
AEOI	不参加
オフショア銀行	0
備考	軽課税国等

8　セーシェル

正式国名等	セーシェル共和国（Republic of Seychelles）
地理的位置	アフリカ大陸から1,600 km ほど離れたインド洋に浮かぶ115の島々からなる国
面積・人口	460 km^2（ほぼ種子島と同じ，115の島からなる。）・9万7,625人（2019年）
独立等	1976年英国より独立
税制	法人に対する標準事業税率は，25%と30%，オフショア法人税率1.5%
租税条約等	執行共助条約
AEOI	参加
オフショア銀行	6
備考	オフショア法人軽課税国，FHTP：特別ライセンス会社（廃止），IBC（廃止），国際商業地域（廃止），オフショア保険（廃止），オフショア銀行（廃止），再保険（廃止）

　セーシェル共和国は，「インド洋の真珠」と称される観光が主要産業の国で，115の島からなり，面積は，日本の種子島を少し大きくした程度で，人口は約9万4,000人である。同国は，英国のウィリアム王子＆キャサリン妃がハネムーンに選んだ場所としても有名である。

　セーシェルが国際税務で利用されるのは，同国のオフショア法人に課税がないことと，28も租税条約を締結していることである。同国の法人課税では，同国の居住法人は国内源泉所得のみが課税所得の範囲となる属地主義を採用していること，同国の居住法人であっても，国外からの所得のみの法人（オフショア法人）については課税がないことである。なお，同国の法人税の最高税率は

30％である。

　なお，同国が締結している租税条約の相手国は，バーレーン，バルバドス，ベルギー，バミューダ，ボツワナ，中国，キプロス，エチオピア，ガーンジー，インドネシア，マン島，ジャージー，ケニア，ルクセンブルク，マレーシア，モーリシャス，モナコ，オマーン，カタール，サンマリノ，シンガポール，南アフリカ，スリランカ，スワジランド，タイ，アラブ首長国連邦，ベトナム，ザンビア，である。

9　チュニジア

正式国名等	チュニジア共和国（Republic of Tunisia）
地理的位置	北アフリカ
面積・人口	16万3,610 km^2・1,194万人（2021年）
独立等	1956年フランスより独立
税制	法人税基本税率15％（2021年），業種により35％と10％の税率適用
AEOI	不参加

10　ナミビア

正式国名等	ナミビア共和国（Republic of Namibia）
地理的位置	アフリカ南西部に位置する共和制国家
面積・人口	82.4万 km^2（日本の約2.2倍）・244.8万人
独立等	1990年ナミビア共和国として独立
税制	法人税率32％，輸出所得は80％課税所得軽減
AEOI	不参加
オフショア銀行	0
備考	豊富な鉱物資源（ダイヤモンド・ウラン），特定事業所得軽課税国等

11　バーレーン

正式国名等	バーレーン王国（Kingdom of Bahrain）
地理的位置	中東・西アジアの国。ペルシア湾のバーレーン島を主島とした大小33の島からなる島国である。
面積・人口	769.8 km^2（東京23区と川崎市を併せた面積とほぼ同じ大きさ）・150.3万人
独立等	1971年英国から独立
税制	バーレーンにある大半の企業には法人税が課せられないが，石油会社の利益には所得税が課税される。バーレーンには個人所得税の制度はない。2019年1月1日からVAT（税率5％）が導入されている。
租税条約等	執行共助条約
AEOI	参加
オフショア銀行	102
備考	全所得軽課税国等（要覧），FHTP：2019年1月1日経済的実体要件導入

12　モーリシャス

正式国名等	モーリシャス共和国（Republic of Mauritius）
地理的位置	インド洋のマスカレン諸島に位置する共和国である。
面積・人口	2,040 km^2（ほぼ東京都と同じ大きさ）・126.5万人
独立等	1968年英国より独立
税制	法人税率は15%，VATの標準税率は15%，輸出企業は3％
租税条約等	執行共助条約
AEOI	参加
オフショア銀行	20

備考	2016年インド政府は，インド洋の島国モーリシャスとの租税協定を改正した。投資家がモーリシャスを租税回避地として利用することを防ぐ狙い。2017年3月31日以降，モーリシャスを経由してインドに資金を移動させた企業に対して短期キャピタルゲイン税を課すとした。 特定事業所得軽課税国等 FHTP：・財団，信託（廃止：FHTP による祖父条項適用），知財ボックス（有害ではないが改訂中），モーリシャス Global business license 1 と 2（廃止：IBC と類似），国際経営本部（有害なし），国際的財務活動（有害なし），2004年法に基づく銀行ライセンス保有の銀行（有害ではないが改訂中），2004年法に基づく銀行ライセンス保有の銀行（セグメントB）（廃止）キャプティブ保険（有害ではないが改訂中），投資銀行（廃止），船舶措置（有害なし），一部免税システム（有害なし）

　モーリシャスは前出のセーシェルと同様にインド洋にある島々から構成される共和国で，面積は東京都よりも少し広く，人口は約126万人である。その人口のうちインド系の住民が多いことでも有名である。日本との貿易では，同国から日本へのマグロの輸出が多いことで知られている。

　法人税率は15%と低く，タックスヘイブンといってもよい低税率国であると共に，20を超える租税条約を各国と締結している。同国とインドの租税条約（以下「対インド条約」という。）は，1982年に署名，翌83年に発効している。そして，2016年に改正署名が行われ，同年に発効している。対インド条約は，インド側がモーリシャスにインド系の住民が多いこと等に配慮して，モーリシャス居住者によるインド法人株式の短期譲渡益を免税にしたことから，多くの国がインド投資をモーリシャス経由で行っていたのである。インド側はこの点を是正するために対インド条約の改正を行ったのである。

　その後日談として，OECD が租税回避防止を目標として制定した多国間租税条約である BEPS 防止措置実施条約（BEPS 条約）にインド，モーリシャス両国が参加署名をしている。BEPS 条約は，既存の租税条約を締結している双方の国が，条約相手国を適用対象国として選択することで多国間条約が適用となる。インドは，モーリシャスを選択しているが，現在のところモーリシャスはインドを選択していない。結果として，BEPS 条約により対インド条約の補正

等は行わないことになるが，BEPS条約による租税回避防止をモーリシャス側が嫌ったのか，或いは今後方針変更して適用対象国にインドを選択するのか微妙な情勢である。

13　モルディブ

正式国名等	モルディブ共和国（Republic of Maldives）
地理的位置	インド洋
面積・人口	298 km^2（東京23区の半分）・55.7万人（2020年）
独立等	1965年英国保護領より独立
税制	法人税率15%
AEOI	参加

14　リベリア

正式国名等	リベリア共和国（Republic of Liberia）
地理的位置	アフリカ西部の国。ギニア，シエラレオネ，コートジボワールと国境を接する。
面積・人口	11万1,370 km^2（日本の約3分の1）・518万人（2021年）
独立等	1847年独立
税制	法人税率25%，所定の投資企業への免税5年間，非居住法人は課税なし
AEOI	不参加
オフショア銀行	0
備考	特定事業所得軽課税国等，便宜置籍船

（要覧）内国法人で株主が非居住者で国外源泉所得を得ている法人は非課税

15　レバノン

正式国名等	レバノン共和国（Lebanese Republic）
地理的位置	中東イスラエル，シリアに隣接

面積・人口	10,452 m^2・529万人（2022年）
独立等	1943年フランスより独立
税制	法人税率17%，持株会社は所得，配当免税
租税条約等	執行共助条約
AEOI	参加
オフショア銀行	98

　レバノンは，2020年 8 月のベイルート港湾地区における大爆発の余波を受け，政治的にも不安定な状態で，レバノンで暮らす150万人のシリア難民も生活に困窮している。

　法人税率は15%，不動産売却益は 5 %，レバノン源泉の配当，利子，役員報酬等は10%の源泉徴収が課される。持株会社は，基本的に利益及び配当に関する課税はない。オフショア企業は利益，配当，海外事業に係る契約の印紙税，外国人従業員の給与の30%が免税で，年額約660ドルの定額税，レバノンにおける固定資産売却益10%の課税，レバノンで就労する社員の給与の 2 〜20%の課税である。個人所得税の最高税率は20%である。

資　料

❶　相続税制のある国等

アイスランド（取得課税），アイルランド（取得課税），アゼルバイジャン（所得課税），アルゼンチン（地方税），アンゴラ（取得課税），イタリア（取得課税），ウクライナ（取得課税），ウルグアイ（相続，贈与による移転に課税），英国（遺産課税），エクアドル（取得課税），オランダ（取得課税），カナダ（所得課税で代用），ガボン（取得課税），カメルーン（遺産課税），韓国（遺産課税），北マケドニア（遺産課税），北マリアナ諸島（遺産課税），ギニア（取得課税），ギリシャ（取得課税），グアテマラ（取得課税），グアム（遺産課税），クロアチア（取得課税），コロンビア（キャピタルゲイン税で代用），ジャマイカ（不動産・株式等の移転に課税），ジンバブエ（遺産課税），スイス（州税），スペイン（取得課税），スロベニア（取得課税），セーシェル（相続税制はないが，相続財産の移転に印紙税課税），セルビア（取得課税），タイ（相続税・贈与税を2016年から施行），台湾（遺産課税），チュニジア（取得課税），チリ（遺産課税），デンマーク（取得課税），ドイツ（取得課税），ドミニカ共和国（遺産課税），トルコ（取得課税），日本（法定相続分課税方式），ハンガリー（遺産課税），フィリピン（遺産課税），フィンランド（取得課税），ブラジル（取得課税：州税），フランス（取得課税），ブルガリア（取得課税），米国（遺産課税），米領バージン諸島（遺産課税），ベトナム（取得課税），ベネズエラ（取得課税），ベルギー（遺産課税），ポーランド（遺産課税），ボリビア（取得課税），マダガスカル（遺産課税），マルタ（相続税制はないが，相続財産移転に印紙税課税），南アフリカ（遺産税），リトアニア（取得課税），ルクセンブルク（取得課税），レバノン（取得課税）

❷　相続税制が廃止された国等（カッコ内は廃止年）

アルバ（2018年1月），オーストリア（2008年8月1日），シリア（2004年），シンガポール（2008年2月15日），スウェーデン（2005年1月1日），スロバキア（2004年），チェコ（2014年），ノルウェー（2014年），ポルトガル（2004年1月1日），香港（2006年2月11日），マカオ（2001年8月1日），リヒテンシュタイン（2011年）

❸　相続税制のない国等

アラブ首長国連邦，アルバニア，イスラエル，インド，インドネシア，ウガンダ，ウズベキスタン，ウルグアイ，英領バージン諸島，エジプト，エストニア，エチオピア，エルサルバドル，オーストラリア，オマーン，カザフスタン，カタール，ガーナ，カンボジア，キプロス，クウェート，ケイマン諸島，ケニア，コスタリカ，コートジボワール，コンゴ共和国，サウジアラビア，ザンビア，ジャージー，ジョージア，スリランカ，セネガル，タンザニア，トリニダード・トバゴ，中国，ナイジェリア，ナミビア，ニカラグア，ニュージーランド，パキスタン，パナマ，バハマ，バミューダ，パラグアイ，バーレーン，バルバドス，フィジー，プエルトリコ，ブルネイ，ベラルーシ，ペルー，ボツワナ，ボリビア，ホンジュラス，マレーシア，マラウィ，マン島，メキシコ，モザンビーク，モーリシャス，モーリタニア，モルディブ，モルドバ，モロッコ，ヨルダン，ラオス，ラトビア，リビア，ルーマニア，ルワンダ，レソト，ロシア

❹　OECD による BEPS No. 5有害な税競争とタックスヘイブンの動向

1　有害な税競争の沿革

　OECD は，租税回避等を防止するために，2012年以降，BEPS（Base Erosion and Profit Shifting：税源浸食と利益移転）プロジェクトを開始した。

　OECD は，それ以前に，タックスヘイブン及び先進諸国の優遇税制が世界の投資の動向を歪めているという認識から，1996年の閣僚会議から「有害な税競争」対策の運動を開始している。この「有害な税競争」対策は，2013年以降のBEPS 行動計画の No. 5において「有害な税実務に対する対応」に掲げられ，優遇税制に関する報告書（Harmful Tax Practices-Progress Report on Preferential Regimes）を2017年と2018年に作成し，2022年に2018年の改訂版を公表し，優遇税制の改廃等に関する勧告を行っている。

　以下は，本書 2 ～ 6 ページに記載した「タックスヘイブン一覧表」と OECD の優遇税制に関する報告書を突合，分析することである。

2　BEPS 以前の沿革

　1996年5月に開催された OECD 閣僚会議における共同声明は，OECD に次のことを要請した。

　「投資，金融上の意志決定，課税ベースへの有害な税競争により効果を歪めることへの対応策を発展させ，1998年までに報告する。」

　この要請は，G7において支持され，1996年開催のリヨンサミットにおいて公表された共同声明にも次の文言が含まれた。

　「結局，グローバリゼーションは，租税政策の分野において新しい挑戦を作り出している。金融及び地理的に移動できる足の早い事業を誘致することを目的とする税制は，国家間に有害な税競争を創出し，事業と投資を歪める危険をもたらし，国の課税ベースの浸食をもたらす。OECD に強く要請することは，この分野における作業を精力的に行い，多くの国が単独又は共同してこれらの実務を制限するために多元的な観点から問題解決を目指す。1998年を期限とする報告作成に対して，OECD による作業の進展を積極的に支持する。」

　1997年に開催された会議において，OECD 閣僚とG7諸国は，有害な税競争と対決する重要性を再確認した。

　OECD 租税委員会は，閣僚会議の共同声明に対応して「税競争に対応する特別委員会」を立ち上げた。この特別委員会は，フランスと日本を共同議長としてこの報告書を作成した。租税委員会は，1998年1月20日に報告書を採択した。

　この報告書の目的は，タックスヘイブン及び有害な租税優遇措置（以下では「有害な税実務」という。）が，金融及びその他のサービス活動の場所に影響を及ぼし，他国の課税ベースを侵食し，貿易及び投資の形態を歪め，税制の公平性，中立性及び広義の社会的な承認をいかに傷付けているかについて理解を深めることである。この有害な税競争は，世界的に福祉を低下させ，租税システムの完全性に対する納税者の信頼を損ねている。この報告書は，承認できるものと有害な租税優遇措置を区分し，有害な租税優遇措置の影響を排除するために，居住地国と源泉地国の双方の特徴を分析する。この報告書は，国際的な問題に対して単独又は二国間における対応に制限のあることを認識し，有害な税実務を行う国又は地域の引き起こした問題を，各国が単独及び共同して制限を加えるために，各国が最良の共通的なフレームワークを確立する方法を特定化することであると考えている。タックスヘイブン及び有害な租税優遇措置の拡

散を減少させ，有害な税実務に従事している国等に対して現存する対策の検討を促進させることにより，当該報告書は，国際的に租税政策を強化，改善することに役立つものと思われる。

3　有害な税競争対策

有害な税競争対策としての成果は，以下の2つに集約される。

①　各国の優遇税制については，進捗報告書（Progress Report）により検証された。

②　タックスヘイブンの情報開示については，税務情報交換協定（Tax Information Exchange Agreements：略称 TIEA）が推進された。

❺　有害な税競争関連年表

以下は，有害な税競争関連年表である。

1996年5月	(OECD) 有害な税競争への対策についての閣僚会議からの指示
1997年12月	(EU) 有害な税競争への対抗策の策定に同意
1998年4月9日	(OECD) 理事会が1998年報告書採択 (Harmful Tax Competition：An Emerging global Issues)
1999年11月　〜　2000年5月	(OECD) 作業グループによる優遇措置の検証と有害税制フォーラム (Forum on Harmful Tax Practices：FHTP) が共同作業
2000年5月	(OECD) 第2次報告書公表 (Toward Global Tax Co-operation：Progress in Identifying and Eliminating Harmful Tax Practices)
2001年11月14日	(OECD) 2001年 Progress Report を公表 (Progress Report ("The OECD's Project on Harmful Tax Practices：The 2001 Progress Report))
2004年2月4日	The OECD's Project On Harmful Tax Practices：The 2004 Progress Report
2012年6月	(OECD) BEPS プロジェクトを開始
2013年7月	(OECD) 「BEPS 行動計画」(Action Plan on Base Erosion and Profit Shifting) を公表

2015年10月	（OECD）BEPS FINAL REPORTS 公表：Countering Harmful Tax Practices More Effectively, Taking into Account Transparency and Substance, Action 5-2015 Final Report
2016年6月	（OECD）BEPS 実施のための包摂的枠組（Inclusive Framework）開始

⑥　OECD の有害な税競争の概要

各国の優遇措置への勧告等の沿革は以下のとおりである。

2015年10月	（OECD）BEPS FINAL REPORTS 公表：Countering Harmful Tax Practices More Effectively, Taking into Account Transparency and Substance, Action 5-2015 Final Report
2017年10月6日	Harmful Tax Practices-2017 Progress Report on Preferential Regimes（以下「2017年報告」という。）
2019年1月29日	Harmful Tax Practices-2018 Progress Report on Preferential Regimes（以下「2018年報告」という。）
2021年11月	2018年報告の再検討

有害税制の判定基準は以下のとおりである。

以下の1に該当し，かつ，2〜4のいずれかに該当する場合に有害税制と判定される。
1　優遇措置が金融・サービス等の活動から生じる所得に対して無税若しくは低税率で課税していること
2　優遇措置が国内市場から遮断されていること（優遇措置の対象が国外からの進出企業とされること，国外からの進出企業は国内市場で取引を行わないこととされていること等）
3　優遇措置の運用について透明性が欠如していること
4　優遇措置を有する国が他国と納税者に関して有効な情報交換を行っていないこと

❼ タックスヘイブンへの優遇税制への勧告

本書2ページの「国名等索引早見表」に記載の国等について，進捗報告書において OECD がどのように勧告等をしたのかを検討する。以下は，使用されている用語である。

① FHTP は，有害税制フォーラム（Forum on Harmful Tax Practices）のこと。

② grandfather clause（祖父条項）は，法律が改正された場合，改正前の既得権益を認め，例外として，改正法の適用を免除する条項のこと。

③ IBC は，オフショアの事業活動の利益に課税をしない International business companies の略である。

④ 実体要件は，ペーパー会社ではない，経済的実体のあること。

アイルランド（OECD FHTP）	2015年財政法は，パテントボックス（名称は Knowledge Development Box）税制を導入した。この税制は，研究開発行為の結果としての特許権，著作権のあるソフトウエア，知的財産権等の税制適格な資産からの所得については6.25%という軽減税率を適用するもので有害ではないという判定であるが，FHTP の基準に従って改訂中。
アンドラ（OECD FHTP）	• 無形資産開発のための優遇措置（有害ではないが実体要件実施） • 持株会社（有害ではないが一部改訂） • IBC（廃止） • 関係会社間融資（廃止）
アルバ（OECD FHTP）	• 免税会社（有害ではないが一部改訂） • 保税地域（有害ではないが一部改訂） • 経済特区（廃止） • 船舶 • インピュテーション支払会社（2026年廃止予定） • 投資促進（有害ではないが一部改訂） • サンニコラス経済特区（廃止）
アンティグア・バーブーダ（OECD FHTP）	• オフショア銀行，IBC（廃止） • トン税（有害ではないが一部改訂）

ウルグアイ (OECD FHTP)	・FDII（除去予定） ・バイオ技術の利益（有害ではないが一部改訂） ・金融機関再編（廃止）
オランダ (OECD FHTP)	・知財ボックス（有害ではないが一部改訂，実体要件実施）
カタール (OECD FHTP)	・財務センターの免税等（有害ではないが一部改訂） ・先端技術の経済特区及び経済特区（有害ではないが一部改訂，実体要件実施）
北マケドニア (OECD FHTP)	・高度技術開発地域（改訂中）
キュラソー (OECD FHTP)	・投資会社（改訂して有害なし，実体要件実施） ・輸出施設（廃止） ・適格活動（有害なし） ・知財ボックス（検討中）
コスタリカ (OECD FHTP)	・経済特区（有害判定で改訂中）
クック諸島 (OECD FHTP)	・IBC（廃止） ・キャプティブ保険（廃止） ・国際銀行（廃止） ・国際保険会社（廃止） ・開発投資インセンティブ（廃止） ・所定の公的業務へのインセンティブ（廃止） ・国際会社（廃止）
サンマリノ (OECD FHTP)	・2004年法の知財措置（廃止） ・知財措置（有害ではないが FHTP 基準に合致した措置） ・2013年法規定の新会社（有害ではないが一部改訂） ・2013年法規定のハイテク会社への措置（有害ではないが一部改訂）
ジャマイカ (OECD FHTP)	・特別経済地域（改訂中）
シンガポール (OECD FHTP)	・知的財産開発インセンティブ　2018年7月1日から2023年12月31日までに認定を受けた企業は適格知的財産により稼得した収益に対して一定期間約5％～10％の軽減税率が適用される（有害ではない）。

	・開発・拡張インセンティブ（Development & Expansion Incentive）（廃止） ・開発・拡張インセンティブ・法的サービス（廃止） ・パイオニア・インセンティブ（Pioneer Certificate Incentive）（廃止） ・開発・拡張インセンティブ・サービス（有害なし） ・国際成長スキーム（廃止） ・パイオニア・サービス会社（有害なし） ・航空機リーシング・スキーム（Aircraft Leasing Scheme：ALS）シンガポールにて航空機のリース事業に携わる会社，投資ファンド，信託会社は，本制度の申請資格を持ち，認定されると5年間を上限として，特定のリース所得に対する法人税に8％の軽減税率が適用される（有害なし）。 ・シンガポールに拠点を持ち域内の関連会社に財務・資金調達のサービスを提供する会社は，認定されると適格所得増分に対して軽減税率が適用されるほか，FTC活動のための銀行からの借入れに対する利息や，非居住グループ企業からの預入れに対する利息に関する源泉税が免除される。 ・金融部門へのインセンティブ（有害なし） ・保険事業開発（有害ではないが一部改訂） ・グローバル貿易計画（有害なし） ・船舶部門インセンティブ（有害なし）
スイス（OECD FHTP）	・持株会社，支配会社（domiciliary company），準支配会社（mixed company）廃止 ・新規設立又は既存法人が行う事業を転換し実質的には新規設立と同じ場合に，最大10年間，地方税を減免（継続監視） ・無形資産のライセンスボックス税制（有害ではないが一部改訂，実体要件実施）
セーシェル（OECD FHTP）	・特別ライセンス会社（廃止） ・IBC（廃止） ・国際商業地域（廃止） ・資金管理事業（有害ではないが一部改訂） ・オフショア保険（廃止） ・オフショア銀行（廃止） ・再保険（廃止） ・証券法に基づく証券ビジネス（有害ではないが一部改訂）

セントクリストファーネイビス（OECD FHTP）	・会社法（廃止） ・ネイビス事業会社（廃止） ・ネイビス LLC（廃止）
セントビンセント・グレナディーン（OECD FHTP）	・IBC（廃止） ・国際信託（廃止）
セントルシア（OECD FHTP）	・IBC（廃止） ・国際パートナーシップ（廃止） ・国際信託（廃止）
ドミニカ国（OECD FHTP）	・IBC（廃止） ・オフショア銀行（廃止）
トリニダード・トバゴ（OECD FHTP）	・自由貿易地域（有害）
パナマ（OECD FHTP）	・知財ボックス（有害ではないが，FHTP 基準の新措置） ・知財特区（有害ではないが一部改訂，実体要件実施） ・国際経営本部（有害なし） ・コロン経済特区（検討対象外） ・船舶措置（便宜置籍船）（有害なし）
パラグアイ（OECD FHTP）	・国外からの投資（審査中）
バルバドス（OECD FHTP）	・IBC（廃止） ・国際財務サービス（廃止） ・国際信託（廃止） ・免税保険（廃止） ・保険措置（有害なし） ・適格保険会社（廃止） ・船舶措置（有害なし） ・有限責任の国際的組織（廃止） ・外貨所得等の税額控除（廃止）
ブルネイ（OECD FHTP）	・投資インセンティブ（実体要件と開示要件に問題があるが，経済的効果の有害性は少ない）

ベリーズ （OECD FHTP）	• IBC（廃止）
香港（OECD FHTP）	• 満期が7年以下の適格債券に係る利子及び売却益の50％税率減（有害ではないが，FHTPの基準に合わせて改訂中） • 適格航空機及び船舶リース業者等が稼得した適格所得の50％税率減（有害ではない） • 格企業財務センターである企業が金融財務活動により稼得した適格所得の50％税率減（有害ではない）
マカオ（OECD FHTP）	• オフショア施設（廃止）
マルタ（OECD FHTP）	• トン税（有害税制ではない） • パテントボックス（廃止） • パテントボックスの控除（有害ではないがFHTP基準で改訂中）
マレーシア（OECD FHTP）	• 地域拠点会社（Principal hub）への優遇税制（有害なし） • ラブアン・リース（有害ではないが改訂中） • ラブアン金融サービス（有害ではないが改訂中） • 財務管理センター（廃止） • 再保険（有害ではないが改訂中） • 緑化技術サービス（有害なし） • 特別経済地域（有害ではないが改訂中） • バイオ技術産業（有害ではないが改訂中） • 国際通貨単位（廃止） • MSCマレーシア（有害ではないが改訂中） • パイオニア企業（R＆D）（有害ではないが改訂中）
モーリシャス（OECD FHTP）	• 財団，信託（廃止：FHTPによる祖父条項適用） • 知財ボックス（有害ではないが改訂中） • モーリシャスGlobal business license 1と2（廃止：IBCと類似） • 国際経営本部（有害なし） • 国際的財務活動（有害なし） • 2004年法に基づく銀行ライセンス保有の銀行（有害ではないが改訂中） • 2004年法に基づく銀行ライセンス保有の銀行（セグメントB）（廃止）

	・キャプティブ保険（有害ではないが改訂中） ・投資銀行（廃止） ・船舶措置（有害なし） ・一部免税システム（有害なし）
モントセラト （OECD FHTP）	・IBC（廃止）
ラトビア （OECD FHTP）	・船舶課税（有害なし）
リトアニア （OECD FHTP）	・知財ボックス（有害なし） ・経済特区優遇措置（有害なし） ・大規模投資計画（有害なし）
リヒテンシュタイン（OECD FHTP）	・知財ボックス（廃止）
ルクセンブルク （OECD FHTP）	家族資産管理会社（société de gestion de patrimoine familial：略称 SPF）は，個人資産を管理運営する投資会社であるが，法人課税，地方事業税及び財産税のいずれも課税免除である（有害ではない）。 ・金融投資会社（有害ではない）。 ・2007年12月31日後に取得した権利又は開発した特許権等の知的財産権について，その収益から，関連経費等を控除した金額（純所得）の80％相当額を所得税及び財産税の課税所得計算において控除することができたが，BEPS 及び EU の租税回避防止指令に従い，上記80％相当額控除制度は，所得税については2016年 7 月 1 日から，財産税については2017年 1 月 1 日から廃止されている。 ・知財ボックス（廃止）

⑧ アジア諸国の優遇税制

1 各国の優遇税制

令和 6 年度から OECD の推進したグローバルミニマム税（15％）の実施が決まったことで，法人税率以外に各国の優遇税制の影響による実効税率が焦点となる。以下は，日本からの投資が多く，かつ各種優遇税制があるアジア諸国

の優遇税制である。なお，シンガポールは本文中に記述があるので省略した。

(1)　日本からの進出企業数

外務省作成の日系企業海外拠点数（2020年）のアジア諸国の拠点数は以下のとおりである。

中国（33,341），タイ（5,856），インド（4,948），ベトナム（2,120），インドネシア（1,959），フィリピン（1,418），台湾（1,284），マレーシア（1,230），シンガポール（966），韓国（931），ミャンマー（549），モンゴル（519），カンボジア（403）である。2017年の統計では，タイが3,925，ベトナムが1,816，カンボジアが309で，これと比較するこれら3国の拠点数は増加している。特に，タイがインドを上回り，ベトナムもインドネシアよりも上位となった。

(2)　中国における優遇税制の進展

途上国の場合，外資導入を目的として租税優遇税制をセットして，その国において技術移転或いはインフラ整備等に資する外国企業等による投資に対して許可を与えることを条件として，法人税・所得税・間接税・関税等の税負担を軽減する措置を講じるのである。

この分野で有名なのが中国の経済特区である。中国は，1978年当時，国内の経済状況の混迷を脱するために経済開放政策に踏み切り，1979年4月には経済特区として，深圳・珠海・汕頭・厦門を指定した。この経済特区は，関税の免除，所得税等の減免等を認めることが外資導入を目的としたものである。その後，1984年には，大連，天津，上海等の14都市が経済開発区に定められ，経済特区，経済開発区等が，当初の沿海部から内陸部へと拡大したのである。

この中国における経済特区等の動向は，おおむね他の国の場合と共通するものがある。すなわち，経済発展に応じて次のような4段階に分けることができる。

第1段階は，外資の選別をせずにすべての投資を受け入れる代わりに，これらの投資を行う企業に対して租税優遇税制等を与えるというものである。

第2段階は，経済発展が軌道に乗り始めると，投資を行う企業が先端技術を有している場合或いはインフラ整備に貢献する場合等という自国の発展に寄与する業種の選別を行い，その対象となる企業に対してのみ租税優遇税制を与えるというものである。

第3段階は，自国内の経済が発展したことで，外資の導入を必要としない段

階となり，租税優遇税制の縮小を行うというものである。

第４段階は，自国経済が発展したことで外資導入が不要となり，この種の租税優遇税制を廃止する。

アジア諸国の場合，各国は上記の４つの段階のいずれかに属することになる。

中国は，第１段階の1980年に合弁企業に係る税法，1981年に外国企業に係る税法を初めて定めたが合弁企業を優遇する内容であった。約10年後に，この２つの税制を一元化した税制に改め，外資を一律に扱うことになった。この税制改正の際に，中国は移転価格税制を整備したのである。その後，2008年の税制により，法人税率が33％から現行の25％に引き下げられている。

以下は中国における優遇税制である。

① 小規模企業の低税率（12.5％），従業員数が300人未満，年間課税所得金額が300万元，資産総額が5000万元を超えないかつ制限及び禁止事業以外の事業に従事する零細企業が適用

② 国家が重点的に支援するハイテク企業の低税率（15％）

③ 経済特区並びに上海浦東新区（２年免税後の３年税率半減）

④ 公共インフラプロジェクト等（三免三減）

中国がハイテク企業等に対して軽減税率（上記②）を導入していることについて，FHTP による評価では有害性なしとなっている。

(3) インドの優遇税制と FHTP の評価

インドの法人税率は34.94％であり，以下は優遇税制である。

① （５年間法人所得税が全額免除）経済特区（SEZ）に設立された企業の所得で，コンピューターソフトウェアやその他の製品の輸出から発生するもの

② （①に続く５年間は法人所得税が50％免除）

③ （３連続事業年度の利益が100％控除）2016年４月１日から2019年４月１日の間に設立された所定の法人は設立後７年間

⑤ その他多数

FHTP は，インドの優遇税制に対して有害性なしという判定である。

(4) インドネシアの優遇税制と FHTP の評価

インドネシアの法人税率は20％であり，以下は優遇税制である。

① （５年間から20年間50％と100％の税の減免）「パイオニア産業」は2018

年11月より改正された税制減免措置を受けることができる。この減免措置は，新規資本投資の額に応じたものである。次の場合には，更に２年間，法人税の減免措置の延長が認められる。

② （①に続く２年間50％軽減）

FHTPは，インドネシアの優遇税制について，評価対象外という判定である。

⑸　韓国の優遇税制とFHTPの評価

韓国の法人税の実効税率は27.5％であり，以下は廃止された優遇税制である。

高度技術事業及び海外投資地域内（FIZs）に所在する外国投資企業は，最初の利益が出た年から５年間は適格所得に対する税額が免除され，続く２年間は適格所得に対する税額の50％が控除され，また，2003年以後，自由経済地区（FEZs）に所在する外国投資企業は，最初の３年間は税額を全額免除され，続く２年間は税額の50％を控除されていた。しかし，上記FIZs及びFEZs優遇税制は，ともに2019年１月１日をもって廃止された。

韓国の自由経済地区等に対するFHTPの評価は評価対象外という判定である。

⑹　カンボジアの優遇税制

カンボジアの法人税率は20％である。同国の優遇税制に対するFHTPの評価はない。

３年から９年間の免税措置及び適格投資プロジェクトの承認を受けると，免税措置の他40％の割増減価償却，輸入関税の免税，ミニマム税の免税を受けることができる。

⑺　タイの優遇税制とFHTPの評価

タイの法人税率は20％であり，以下は優遇税制である。

① 投資奨励法に基づき，タイ投資委員会（Board of Investment）により認可された奨励企業（法人税の３年～８年の免除）

② 投資奨励地域に所在する奨励企業に対する追加的優遇税制（免税後の５年間法人税率の50％減）

③ 国際ビジネスセンター（International Business Center）に係る税制優遇税制（３％/５％/８％の削減）

FHTPは，③のみ有害性なし判定で，他はほとんどが廃止勧告である。

⑻　パキスタンの優遇税制と FHTP の評価

パキスタンの法人税率は30％であり，

①　（10年間の免税）経済特区への進出企業

②　（５年間の免税）パイオニア企業

FHTP は，IT に関連する輸出への優遇税制を審査中である。

⑼　フィリピンの優遇税制と FHTP の評価

フィリピンの法人税率は30％であり，以下は優遇税制である。

①　（４〜７年の免税）税制改革法により政府の定める戦略的投資優先計画
　　（SIPP）に該当する新規事業である輸出企業

②　（５％）税制改革法の発効前に法人所得税免税（ITH）を享受しており，
　　かつ当該優遇税制において ITH 適用期間終了後に，総所得に対して５％
　　の特別優遇所得税率を享受できる場合，10年間は５％の特別優遇所得税率
　　を享受できる。

FHTP は，地域で活動する本部企業に対して評価対象外としている。

⑽　ブルネイの優遇税制と FHTP の評価

ブルネイの法人税率は18.5％である。以下は優遇税制である。

パイオニア産業，ハイテク産業等の技術導入を狙ったパイオニア・サービス
企業，パイオニア・サービス企業の優遇延長となるポスト・パイオニア企業，
既存の事業の拡張を行う企業に対する優遇税制，輸出向け生産及びサービスを
行う企業に対する優遇税制として11年程度の免税期間等がある。

FHTP は，実体要件等に問題があるが，経済的効果としての有害性はないと
している。

⑾　ベトナムの優遇税制と FHTP の評価

ベトナムの法人税率は20％であり，以下は優遇税制である。

①　10％若しくは20％の優遇税率が，事業内容や設立地域の性質に応じて，
　　10年或いは15年若しくは活動期間中に適用される。なお，優遇税率は対象
　　となる事業から収入が発生した年度から適用される。

②　４年間免税・その後９年間50％減税，６年間免税・その後13年間50％減
　　税，若しくは２年間免税・その後４年間50％減税が事業内容や設立地域の
　　性質に応じて適用される。

FHTP は，経済特区等の措置について評価対象外としている。

⑿　香港の優遇税制と FHTP の評価

香港の法人税率は16.5％であり，以下は優遇税制である。

グループ内金融会社（CTC）として設立された企業が，香港で1以上の金融財務活動を行っており，それ以外のいかなる活動も行っていない等の条件を満たした場合，当該企業が稼得した適格所得に対する税率は，通常税率の半分である8.25％が適用される。

FHTP は，上記の措置について有害性なしとしている。

⒀　マレーシアの優遇税制と FHTP の評価

マレーシアの法人税率は24％，ラブアン島は3％であり，以下は優遇税制である。

① （5年間70％免税）パイオニア企業
② （5年間100％免税）パイオニア企業のハイテク関連企業
③ （5年間投資支出の60％控除）奨励事業のための投資支出
④ （5年間投資支出の70％控除）ハイテク関連企業
⑤ （10年間免税）経営本部

FHTP は，上記③を評価対象外，⑤を廃止，ラブアン関連は有害性なしとしている。

⒁　モンゴルの優遇税制と FHTP の評価

モンゴルの法人税率は25％であり，以下は優遇税制である。

① （50％の投資減税）：以下の植物，生産物から得られる法人所得・穀物，ジャガイモ，野菜，牛乳，フルーツ及びベリー，家畜飼料作物
② （10％の投資減税）：モンゴルの優先部門における投資新規生産，サービス，既存生産の拡張，修理，既存サービスの拡張，改善のための償却可能資産への投資などが対象

FHTP は，自由貿易地域を廃止としている。ミャンマーは現政治情勢では投資が難しいことから除いている。

⒂　台湾の優遇税制

台湾の法人税率は20％で留保所得に5％の付加税がある。優遇税制としては，2010年に制定された産業改革法（2029年12月31日まで延長）により税額控除が規定されている。

⒃　バングラデシュの優遇税制

バングラデシュの法人税率は25％である。以下は優遇税制である。

①　輸出加工区（export processing zone）

ダッカ地区等の場合は1年目2年目が免税，3年目4年目が50％免税，5年間が25％免税である。ランガマチ地区等の場合は，3年目まで免税，4年から6年目まで50％免税，7年目に25％である。

②　経済特区

2010年立法の経済特区法に基づいて設立した法人は，段階的に免税範囲を狭めながら10年間税負担を軽減される。

③　ハイテクパーク

2010年立法のハイテクパーク法に基づいて設立された法人は段階的に免税範囲を狭めながら10年間税負担を軽減される。

⒄　ラオスの優遇税制

ラオスの法人税率は20％である。以下は優遇税制である。

ラオス計画投資省によれば，2019年9月時点で国内12カ所の経済特区があり，597社の事業者が進出している。ジェトロビエンチャン事務所によれば，当事務所は，2019年9月，このうち，日系製造業の進出先として実績のある4つのSEZと業務協力覚書を締結した。この経済特区へ進出した企業には，一定期間の免税等が認められる。

2　今後の見通し

日本にミニマム課税導入が決まった以上，日本企業の投資の多いアジア諸国の優遇税制の動向はこれまで以上に注目されることになる。対象法人にとっては，投資先の国の優遇税制の適用を受けるとミニマム課税が適用となるような場合，優遇税制の適用を回避するという選択肢もある。他方，対象外法人の場合は，FHTPの評価に注意を払いつつ優遇税制の適用を受けることになる。仮に，FHTPが廃止を勧告した場合であっても，経過措置等も考慮の対象となる。海外投資をする企業にとって，ミニマム課税，優遇税制，外国子会社合算税制等という判断要素が多様化することから，自社の置かれたポジションにより，どの要素を重視するかを決めることになろう。

索　引

著者紹介

矢内　一好（やない　かずよし）
国際課税研究所首席研究員　博士（会計学）（中央大学）
中央大学大学院商学研究科修士課程修了
昭和50年から平成２年東京国税局に勤務，退職後，産能短期大学助教授，日本大学商学部助教授，教授を経て平成14年以降中央大学商学部教授。税務大学校講師，専修大学商学研究科非常勤講師，慶應義塾大学法学研究科非常勤講師（いずれも平成30年３月末退職）

（著書：単著のみ）

- 『国際課税と租税条約』ぎょうせい　平成４年（第１回租税資料館賞受賞）
- 『租税条約の論点』中央経済社　平成９年（第26回日本公認会計士協会学術賞受賞）
- 『移転価格税制の理論』中央経済社　平成11年
- 『連結納税制度』中央経済社　平成15年
- 『詳解日米租税条約』中央経済社　平成16年
- 『解説・改正租税条約』財経詳報社　平成19年
- 『Ｑ＆Ａ国際税務の基本問題〜最新トピックスの検討』財経詳報社　平成20年
- 『キーワードでわかる国際税務』中央経済社　平成21年
- 『米国税務会計史』中央大学出版部　平成23年
- 『現代米国税務会計史』中央大学出版部　平成24年
- 『改正租税条約のすべて』財経詳報社　平成25年
- 『英国税務会計史』中央大学出版部　平成26年
- 『一般否認規定と租税回避判例の各国比較〜GAARパッケージの視点からの分析』財経詳報社　平成27年
- 『コンパクト解説　日本とアジア・大洋州・米州・旧ソ連諸国との租税条約』財経詳報社　平成28年
- 『コンパクト解説　日本とヨーロッパ・中東・アフリカ諸国との租税条約』財経詳報社　平成28年
- 『Ｑ＆Ａ　国際税務最新情報』財経詳報社　平成29年
- 『解説　BEPS防止措置実施条約』財経詳報社　平成30年
- 『租税条約はこう変わる！BEPS条約と企業の国際取引』第一法規　平成30年
- 『日本・国際税務発展史』中央経済社　平成30年
- 『日本・税務会計形成史』中央経済社　令和元年
- 『税務会計基礎概念史』中央経済社　令和２年
- 『一般否認規定と租税回避判例の各国比較〜事後的対処法と予防的対処法〜第２版』財経詳報社　令和３年

（その他）

- 「米国租税条約の研究」『税務大学校論叢』第19号及び「国際連盟におけるモデル租税条約の発展」『税務大学校論叢』第20号で日本税理士連合会研究奨励賞受賞（平成元年），その他共著，論文多数。

タックスヘイブン便覧

令和 5 年11月26日　初版発行

著　者　矢　内　一　好
発行者　宮　本　弘　明

発行所　株式会社　財経詳報社

〒103-0013　東京都中央区日本橋人形町1-7-10
電　話　03（3661）5266（代）
ＦＡＸ　03（3661）5268
http://www.zaik.jp
振替口座　00170-8-26500

印刷・製本　創栄図書印刷
Printed in Japan

ISBN　978-4-88177-605-6